大学生として学ぶ

# 自分らしさとキャリアデザイン

高丸理香・宇賀田栄次・原田いづみ 編

有斐閣ブックス

# はじめに

これまでに「キャリア」という言葉を聞いたことがない人はいないと思います。少しだけ昔の社会では，キャリア官僚やキャリア組といった言葉に代表されるように，エリートという意味が含まれた使われ方をしていました。では，「キャリアとは，エリートのことだ」と言われたら，みなさんはどのように感じますか。少し違和感をもつのではないでしょうか。けれども，「キャリアとは何を意味しているのか」と問われると，おそらく，とても難しく感じるのではないかと思います。実のところ，私もうまく説明することができません。それは，キャリアというものが，個々の人たちの考えや背景，時代や立場によって，“いろいろ”だからです。

そうは言っても，私たちは，無意識に，誰にとっても“よいキャリア”があるはずだと思ってしまいます。たとえば，「都会の偏差値が高い大学に行くとよいキャリアをもてる」「誰もが知っている有名な会社で働くことはよいキャリアだ」など，私たちは，日常生活のなかでたくさんの“よいキャリア”について見聞きします。

さて，そのような“よいキャリア”は，みなさんが幸せな気持ちになったり，やりがいをもてたりするキャリアにつながるのでしょうか。未来のことを聞かれてもわかるはずないと思う人がいるでしょう。たしかに，将来のことは誰にもわかりません。しかし，将来をイメージし，予測することで，“備え”ることは可能です。備えがあれば，失敗したときのリカバリーや，みなさん自身のキャリアをもっと豊かにできるかもしれません。

このテキストでは，大学生活での学びや経験がどのように将来のキャリアにつながっていくのかを，みなさんの生活と結びついているテーマを通して，イメージしてもらうことを目的としています。答えは1つではありません。ぜひ，たくさんの未来を，楽しみながら自由に想像してみてください。みなさんが，自分のキャリアを自分で選んでいくための第一歩を踏み出せることを願っています。

## 執筆者紹介（＊は編者）

### ＊高丸　理香（たかまる　りか）

**執筆担当**：はじめに・第2章・第3章1節・第4章3節・第6章3節・第7章1節・おわりに

**所属**：静岡大学　国際連携推進機構

**資格・趣味・特技**：キャリアコンサルタント（国家資格），環境カウンセラー（市民部門），専門社会調査士，インドネシア語，趣味は食べること＆人生のストーリーを聞くこと

**わたしのキャリア**：大学生生活14年間（理系6年・留学1年・文系7年），転職を複数回（正規・非正規・契約），駐在員妻（専業主婦），既婚・子なしで単身赴任中

メッセージ

将来の“夢”は何ですか？ わたしの夢は，看護師，海洋学者，環境コンサルタント，キャリアコンサルタント，大学教員と変わってきましたが，まだまだ途中です。みなさんの“夢”も無限です。一緒に，わくわくする夢を考えてみましょう。

### ＊宇賀田　栄次（うがた　えいじ）

**執筆担当**：第1章・第8章1節・おわりに

**所属**：静岡大学　学生支援センター

**資格・趣味・特技**：趣味は料理とジグソーパズル，スポーツ選手や偉人のドキュメンタリーを観ること，特技は古文書を読めること（学部では日本史専攻）

**わたしのキャリア**：2年留年して大学を卒業。11年半のサラリーマン生活（2度の転職）を経て起業し，4年間のフリーランス，10年間の会社代表を経験。

メッセージ

社会に出て気づいたのは，「何を言うか」ではなく「誰が言うか」に価値があるということ。「誰」というのは肩書ではなく，どんな考えでどんな実践をしている人なのかということ。あなたはどんな「誰」になりたいですか？

**＊原田　いづみ**（はらだ　いづみ）
**執筆担当**：第５章１節・第６章２節・おわりに
**所属**：鹿児島大学　法文学部
**資格・趣味・特技**：弁護士，趣味はヨガや身体を動かすこと（しかし太っています），特技は道に迷っても慌てないこと
**わたしのキャリア**：新聞記者のち弁護士。民事，刑事などすべて扱うマチ弁に。家庭裁判所の非常勤裁判官や国税審判官の経験も。自分のキャリアから得たものを伝えたく大学の教員に。

メッセージ

これからの人生，いろいろ大変なことが降りかかってくるでしょう。そういったときに，周囲の助けを借りつつも一番重要なのは，自分自身の決断です。その決断力をつけるために自分を救える知識，スキル，考え方を身につけていきましょう。

**藏原　昂平**（くらはら　こうへい）
**執筆担当**：**Column I**・第９章１節・第９章３節
**所属**：鹿児島大学　理工学研究科，鹿児島大学　高等教育研究開発センター
**資格・趣味・特技**：高等学校教諭一種免許（理科・情報）をもっています。趣味はおいしいごはんをたべることです！　特技はパソコン関係です。
**わたしのキャリア**：学部生のころはコンビニバイトをしていました。その後大学院に進学し現在就活中です！　私のキャリアはこれから！？

メッセージ

執筆者の中で珍しく学生身分ですので，みなさんに近い視点で書きました！　私は，大学生になってからいろんな人に出会いました。みなさんも，これからたくさんの出会いがあると思います。大学生のうちにたくさん出会い，いろんな人とお話しすることをお勧めします。

**酒井　佑輔**（さかい　ゆうすけ）

**執筆担当**：第5章2節

**所属**：鹿児島大学　法文学部，鹿児島県海外移住家族会

**資格・趣味・特技**：ポルトガル語，スペイン語，英語がすこしできます。

**わたしのキャリア**：国際協力NGOボランティアやブラジル留学，メキシコの日系企業勤務等を経て，現在は鹿児島で仕事と家事・育児に奮闘中。

メッセージ

これからの人生，きっとたくさんの失敗が待ちかまえています。でもたぶん大丈夫。死ななければ，そのあと強くなれます。あなたがこれまで歩んできたその軌跡をぜひこれからも大事にしてあげてください。

**鈴木　加奈子**（すずき　かなこ）

**執筆担当**：第8章2節・第9章1節・**Column 3・4**

**所属**：静岡大学　国際連携推進機構

**資格・趣味・特技**：映画鑑賞と旅行が好き！ 何年やっても上手にならない朗読

**わたしのキャリア**：地方放送局で情報を伝える仕事（正規・非正規），日本語学校や大学で留学生に日本語を教える仕事（非正規），オーストラリア留学など

メッセージ

私の夢は，素敵な人・もの・ことの出会いを求めて世界のいろいろな所に行くこと。果てなき夢！ 人生は短すぎます。みなさんはその短い1度きりの人生で何をしたいですか。「楽しかった！」「感動した！」「充実した！」と思える時間がたくさんありますように。

**中尾　祥宏**（なかお　よしひろ）

**執筆担当**：第9章1節・第9章2節

**所属**：鹿児島大学大学院連合農学研究科

**資格・趣味・特技**：ネリカ検定準2級，地元サッカーチームの応援

**わたしのキャリア**：アフリカ・アジアへ留学，海外インターンシップ，鹿児島大学高等教育研究開発センター，現在はイネの栽培について研究中

メッセージ

2017–2019年の間に，計1年アフリカのウガンダ共和国に住んで活動していました。大学に入学した頃は自分の将来がこんなことになるなんて想像もしていませんでした。学生時代には無謀だと思うようなことにもチャレンジしてみてはいかがでしょうか！？

**西山　元子**（にしやま　もとこ）

**執筆担当**：第4章1節

**所属**：鹿児島大学　キャリア形成支援センター

**資格・趣味・特技**：GCDF-Japan キャリアカウンセラー，初級バーベキューインストラクター，焼酎マイスター

**わたしのキャリア**：転職歴3回。地元企業・大手企業・国の機関・大学。正社員・契約社員・業務委託・パート。さまざまな業態とさまざまな雇用形態を経験。

メッセージ

「自ら機会を創り出し，機会によって自らを変えよ」私のモットーのひとつ。何かをはじめるにはドキドキするけれど，ちょっと勇気を出して，一歩踏み出してみる。あなたの未来に必要な大切なことがきっとそこにあるはずです。

**野口　直子**（のぐち　なおこ）

**執筆担当**：第3章2節・**Column 2・3・4**

**所属**：静岡大学　国際連携推進機構

**資格・趣味・特技**：中学と高校の国語の免許あります。90‘s ミニシアター系の映画が大好き。

**わたしのキャリア**：転職歴多数。大手～零細。正規・契約・業務委託・パート。休憩挟みながらのキャリア運行中。

メッセージ

広い・狭い・深い・浅い・多数経験・専門家，どんなキャリア形成もアリの時代です。自分にとっての‘これいいな’のアンテナを張っていきましょう。

**袴田　麻里**（はかまた　まり）

**執筆担当**：第3章2節・第8章2節・第9章1節

**所属**：静岡大学　国際連携推進機構

**資格・趣味・特技**：行政書士，日本語教育能力検定，趣味は料理と食べること，推理小説・探偵小説，コメディ

**わたしのキャリア**：バイト，青年海外協力隊，バイト，大学院，バイト，正規雇用

メッセージ

自分に何ができるかなー，何が向いてるかなーと考えても，試したことがないからわかるわけがありません。だから，思いついたことからやってみるのは大事です。何も思いつかないなら，流されてみるのも大事です。何が引っかかるか，楽しみに待ちましょう。

**浜本　麦**（はまもと　ばく）

**執筆担当**：第7章3節

**所属**：NPO 法人　くすの木自然館

**資格・趣味・特技**：甲種防火管理者，JSCA ベーシックインストラクター，桜島錦江湾ジオパーク認定ジオガイド，特技は野鳥とゴカイの同定，料理，カクテルづくり

**わたしのキャリア**：NPO 法人専務理事，生態学会員，地元ラジオ局パーソナリティ，錦江湾タレント，共生・協働センター相談員，既婚，3児の父

メッセージ

何事も「楽しむ」に勝ることはないと思って生きています。楽しいことをやり続けるためには，楽しめる環境が大事。みなさんが一番楽しめることをやり続けるために，今できることを「楽しみながら」やってみましょう！

**福冨　渉**（ふくとみ　しょう）

**執筆担当**：第5章3節

**所属**：株式会社ゲンロン　編集部

**資格・趣味・特技**：実用タイ語検定1級，普通自動車免許，コーヒー，クラフトビール，ドラム演奏

わたしのキャリア：留学2回，タイ文学研究者，タイ語翻訳・通訳者，専門学校非常勤講師，配偶者，大学教員（任期つき），親，編集者

メッセージ

10代のころから「こういうことをしたいなあ」となんとなく思ったまま，あまり先のことを考えない選択をしてきて，いまがあります。これからもそういう人生が続くと思います。みなさんもぜひ自分に正直に。

## 牧野　暁世（まきの　あきよ）

**執筆担当**：第4章2節

**所属**：鹿児島大学　理工学研究科　博士後期課程

**資格・趣味・特技**：幼稚園教諭1種免許，キャリアコンサルタント（国家資格）・趣味は愛犬との散歩・特技は色合わせ。

**わたしのキャリア**：専門分野は色彩学，交換留学1年間（高校時代），大学生生活14年間（理系1年・文系13年），起業経験あり，現在は海外で活躍できる研究者を目指して準備中

メッセージ

ヘーゲルの「自由とは必然性の洞察である」という言葉をみなさんに贈ります。自分らしく生きるために自分をよく観察し，問いかけ，答えを見つけてほしいと思います。みなさんの幸せを祈ります。

## 森　裕生（もり　ゆうき）

**執筆担当**：第6章1節・第7章2節

**所属**：鹿児島大学　高等教育研究開発センター

**資格・趣味・特技**：朝鮮語が話せます。温泉地を巡ることが好きです。

**わたしのキャリア**：大学までは情報系の人間。現在は，情報ツールなどを活用しながら大学生の学習を支援することに関する研究や活動に取り組んでいます。

メッセージ

みなさんは「学習」とは何か考えたことはありますか？ 学習は「過去の自分から変容すること」と定義されています。この本を読み，授業に出ながらキャリアを考え，みなさんが少しでも「変容」できるように取り組んでいただきたいと思っています！

目　次

## 第７章　世の中を多角的にみる　129

## 第8章 自分らしさを見つける 

# 第1章

# 大学生活で取り組むべきこと

大学への進学もキャリアにおける大きな選択といえます。では，その選択によって何が変わるのでしょうか。「大学生」としての生活は「高校生」とどんな違いがあるのか，まずはそこから考えていきましょう。

## 1　高校生と大学生の違い

高校では，「自分の机」や「クラスごとの教室や時間割」，あるいは，制服や頭髪，靴についての決まりがあったという方が多いことと思います。一方，大学生は，授業ごとに教室を移動し，履修科目は自分で選び，制服はなく，頭髪や靴も自由という場合がほとんどではないでしょうか。また，高校では原則禁止だった運転免許の取得やアルバイトについても進学をきっかけに始めるという大学生が多くいます。

こうしてみると大学生は高校生に比べて「自由」という印象をもちますね。自由は他人からの束縛を受けず自分の考えに従って行動するという意味で使われますが，たとえば，経済的な事情はないのに授業や課題よりもアルバイトを優先する大学生がいたらみなさんはどう思いますか？「学生の本分は勉強なのだからアルバイト優先の生活はすべきではない」との指摘がある一方で，「最低限の勉強さえやっていればアルバイトが優先になっても問題ない」「大学生は自由なのだから他人がとやかく言うべきではない」「授業や課題が疎かになるのは自己責任の問題である」などの意見が想像されます。「自由には責任がともなう」ともいいますから，自由である大学生は高校生に比べて責任が大きいと考える人もいます。

では，なぜ大学生は高校生に比べて自由なのでしょうか。大学生の責任とはどうあるべきでしょうか。法律の条文を手がかりにしながら高校と大学，高校生と大学生の違いについて考えてみましょう。

日本の学校教育制度の基本を定めた学校教育法では，高校の目的は「中学校における教育の基礎の上に，心身の発達及び進路に応じて，高度な普通教育及び専門教育を施すこと」（第50条）とされ，高校側から施された教育を受けるのが高校生と理解できます。一方，大学の目的は「学術の中心として，広く知識を授けるとともに，深く専門の学芸を教授研究し，知的，道徳的及び応用的能力を展開させること」（第83条1項）であり，「大学は，その目的を実現するための教育研究を行い，その成果を広く社会に提供することにより，社会の発展に寄与するものとする」（第83条2項）と示されています。つまり，大学そのものが専門的な研究が行われる学問（学術）の中心であり，教育研究の成果をもって社会の発展に貢献することが求められていますので，そこで学ぶ大学生は，大学の目的を追求する構成員としての役割と責任をもつことになります。

また，学校教育法では，高校生は「生徒」，大学生は「学生」という名称で呼ばれ，『広辞苑』によれば，「生徒」が教育を受ける者，「学生」は学業を修める者とされています。「修める」とは「身につける」という意味でもありますので，大学生は主体的に学び，身につけた知識や技能をもとに社会貢献することが求められる存在ということができます。その自覚と責任をもっていることが前提であるからこそ大学生は自由なのだともいえます。

そう聞くと，大学進学にあたって「大学生としての自覚や責任」を考えたこともないという方も多いでしょう。でも安心してください。それらを考えるきっかけとなるのが本書で示す「キャリアデザイン」です（キャリアが具体的に何を意味するのかなどはこれからの章で説明します）。先ほど示した授業や課題よりもアルバイトを優先する大学生の例は，「自由」であるからこそ今置かれた自分の立場や役割を自覚し，自分のことだけでなく周りに及ぼす影響などを想像しながら，さまざまな情報や選択肢と向き合うことが大学生には求められるというワンシーンです。周りに流されない自分の意志に基づく行動を心がけ，自分で自身の人生を豊かにしながら社会への責任を果たしていくという自覚や，責任をもつことを前提に大学生活の「自由」があることを理解しましょう。

## 2　大学生活で意識したいこと

別の場面で高校生と大学生の違いについて考えてみます。高校までは文部科学省の検定を受けた各教科の教科書があり，その理解度を測る定期試験が行われ，その点数をもとに成績がつけられましたが，大学では国で統一された教科書はなく，定期試験は高校までのような一問一答形式だけでなく「レポート」として論述形式のものも多くあります。レポートをまとめるにあたり，参考図書を示される場合もありますが，基本的には自分で参考にすべき図書を見つけ出すことが必要です。乱暴にいえば，学ぶ範囲と目標について，高校では与えてくれましたが，大学は与えてくれません。何を学ぶのか，どこまで学ぶのかさえ「自由」なのです。では，自覚と責任が前提とされている大学生活ではどんなことを意識したらよいのでしょうか。ここでは２つのことをお伝えしたいと思います。

１つは「やらなければいけないこと」と「やったほうがよいこと」を区別して考えることです。レポートに意欲的に取り組むのはよいのですが，あれも必要，これも必要と考え始めた結果，レポートそのものが重荷になり期日までにまとめる自信がなくなったという学生がいます。また将来のためにやっておきたいと始めたものに時間をとられ，目の前の作業や約束を後回しにしてしまい周りからの信頼を落としてしまう学生もいます。これらに共通するのは先を見過ぎてしまい，「今やるべきこと」に手が回らず，そのことで自分の力を発揮する機会を失っていることです。「忙しい」「余裕がない」と感じたら，「今やらなくてもよいこと」を書き出し，優先順位を考えてみましょう。

もう１つは，「自律」と「自立」を実現できる大学生活を目指すことです。読み方は同じ「じりつ」ですが，「自律」は目標に向かう自分をコントロールする（逃げない）こと，「自立」は社会の一員としての役割を果たす（関わる）ことと区別できます。「自律」を自分とのたたかい，「自立」を社会との折り合いということもできます。大学生活では「やりたくない」「面倒くさい」と思うこともあるでしょう。そのときに今の自分と向き合い，自分自身でやる気を高めることができれば前に進むことができます。これが「自律」ですね。もう１つの「自立」は他に依存しないことという意味で使われ，他人の力を借りず何でも自分１人でやることだと考える方も多いのですが，大切なのは依存しないことではなく，自分の役割を果たすことと考えるべきでしょう。周りはあなたの目標ややるべきことを与えてくれません。「自由」だからこそ何をするのか，どこまでやるのかを自分で考え，行動することが大切です。「やることがわからない」「不安だから行動できない」という学生もいますが，次の一歩を踏み出すには自分自身と向き合い，さまざまな折り合いをつけるしかありません。またその一歩がその後の自信につながっていきます。

## 3 大学生の社会的役割

ここまで読んで，大学生活をどのように過ごすのかを考えてもらえたらうれしく思います。最後に大学生の社会的役割について改めて考えてみましょう。

みなさんの大学では，所属する学部学科での専門教育分野に加え，一定の教養教育科目（共通教育科目）が卒業要件になっている場合が多いでしょう。「専門的な知識を身につけたい」と考え，大学に入学してきた方からすると，専門教育分野以外を学ぶ意味がわからないと感じる場合もあるでしょう。しかし，そもそも専門知識を身につけるだけなら大学に入学しなくてもよいのではないでしょうか。高度情報化社会に移行した現代では，スマホやパソコンを開けばある程度の専門知識を得ることができますから，大学で学ぶ意味はもう少し広くて深いものがあると考えてみてください。専門知識は世の中を理解するための1つの入り口，視点にすぎませんし，どんな分野にも応用できるとは限りません。だからこそ「総合」ではなく「専門」なのです。先に触れたように大学は教育研究の成果を社会の発展に還元することが求められていますが，複雑化した社会の課題を解決するには，1つの「専門」だけで考えてしまうと行き詰まることもあります。多角的な見方が必要なのです。だからこそ大学生は専門分野だけでなく教養教育科目（共通教育科目）を学ぶことによって，その専門知識を応用できる力を身につけていくのです。専門分野を大きな柱としながらも他分野に触れることでさまざまな視点や方法を手に入れることができ，それは自分自身の生き方や働き方に大きく関わるだけでなく，未来の社会を形成することにもつながっていきます。

目まぐるしい技術革新が起き，健康寿命が延びたこともあり，知識を得ること，知識を応用することは大学で学べば終わるというものではなくなりました。自分自身がよりよく豊かな人生を送るためにも常に学び続ける姿勢や意欲が求められます。そのことを考えると，大学は専門知識を学ぶというよりは「学び方を学ぶ」場所といってもよいかもしれません。そしてその学びは，自分自身だけでなく，今の社会をよりよいものにすること，そして自分の次の世代が過ごす未来の社会をよりよいものにすることにつながっていきます。

キャリアデザインは将来の自分のことを考えるだけではありません。何をどこまで学ぶのか，今をどう過ごすのかという目の前の情報収集や選択からすでに始まっていること，そして未来の社会に向けたみなさんの役割や責任を考えることでもあることを理解しましょう。

# 第 2 章

# キャリアをデザインするために

いよいよ「キャリアをデザインする」ことについて考えていくこととなりますが，その前に，自分のキャリアをデザインするためのポイントを，「長さ」「深さ」「大きさ」の 3 つの角度から確認しておきましょう。

## *1* キャリアの「長さ」

「長さ」と聞くと，「時間」や「距離」を思いつきます。しかし，「キャリアの長さ」となると，何のことだかわからなくなります。それでは，1つずつイメージしてみましょう。

まず，「時間」から始めます。みなさんは，今，この瞬間，授業でこのテキストを開いています。授業を受けている間は，たとえ睡魔と闘いながらであっても，キャリアのことを考えざるをえません。けれども，授業が終われば，キャリアのことなんてすっかり忘れて，部活やサークル，アルバイトに励みます。このようにして1日が無事に終わります。さて，このような生活を半年，1年，2年……と過ごしているうちに大学を卒業し，社会人となります。新入社員として2カ月から半年の研修を終えて，晴れて社員としての仕事が始まります。1年，5年と無我夢中になって働くなかで，人生のパートナーと出会いました。さあ，この先はどうなるでしょうか？ 結婚や出産・子育て，昇進や失業，転職など，さまざまな出来事が考えられます。このように，キャリアについて考える場合には，「時の流れ」を感じながらデザインしていくことが大切になってきます。

次に，「距離」をイメージしてみましょう。みなさんは，学びたい学部・学科を選んで大学に入学しました。当然，基本的な専門知識やスキルを卒業までに修得する必要があります。そのために，関連する授業を履修し，目標に向かって単位を1つずつ獲得していきます。ところで，このときの目標とはどのようなものでしょうか。もしかすると「卒業に必要な単位数を効率よく獲得する」ことかもしれませんし，「卒業までに修得したい知識やスキルを得る」ことかもしれません。つまり，キャリアにはみなさん自身が考える目標地点があり，そこへ到達するために，どのような「道のり」を歩んでいくのかといったことについて考えておかなければなりません。

## 2 キャリアの「深さ」

それでは，「キャリアの深さ」とは何でしょうか。キャリアの長さのケースでもう一度，考えてみましょう。今，みなさんはこのテキストを開き，第2章を読んでいます。さて，みなさんは今，どのような気持ちですか？「なるほど！」と思いながら読んでいる人もいれば，「つまらない」と他のことを考えている人も，もしかすると無の境地（睡眠？）に至っている人もいるかもしれません。この人それぞれにさまざまな興味・関心がある状態が，まさにキャリアの深さを意味しています。

これからの人生で，みなさんは同じようなライフイベントの経験をします。たとえば，就職活動は，あと数年でほとんどの人がたどる出来事ですね。しかし，就職活動に対するとらえ方は，その人によってさまざまです。もちろん，誰もが大切な節目だと考えているでしょう。けれども，教育学や医学，建築学など，専門性から職業がイメージしやすい場合と，文学や社会学，理学などの専門性を多様な職業に生かしていくような場合とでは，就職活動の仕方は違ってきます。さらに，同じ専門領域を学び，同じ職業を選んだとしても，自分自身で大切だと考えていることや，得意なことや好きなこと，そして将来の夢は千差万別です。

実は，キャリアの深さは，将来のキャリアをデザインするうえでの鍵となるにもかかわらず，なかなか意識しづらいものです。卒業したゼミの先輩と久しぶりに会った際に，先輩がやりがいをもって働いている姿を見てかっこよく感じ，自分も同じ会社，または同じ職種で働きたいと思うかもしれません。しかし，そのようなときは，少し立ち止まり，先輩を魅力的に感じた理由がいったい何なのかを考えてみましょう。先輩のかっこいい姿や先輩が働いている会社は，当然ながらみなさん自身のことではありません。先輩とみなさんはまったく別の人格があって，異なった価値観や考え方，能力やスキルをもっているはずです。たとえ，結果として同じ会社で働くことになったとしても，職場で期待されていることは違います。だからこそ，キャリアを積み重ねていくなかで，自分自身が大切にしたいことは何なのかといった「感度」を高めることが必要なのです。

## 3 キャリアの「大きさ」

さて，最後に「キャリアの大きさ」について考えてみましょう。キャリアの大きさとは，自分にとっての利益だと感じたり，重要だと考えたりする，その優先の「度合い」を決めていくことです。

たとえば，いま，このテキストを読むことよりも，他の必修科目の課題を提出することのほうが重要だと考え，キャリア教育の授業を聞いているふりをしながら課題を解くことを優先しているとします。このときに最優先すべき事項は，おそらく「必修科目の課題を提出すること」ですね。しかし，授業中に内職をしているときは，たいてい，先生の動きや授業の内容が気になって，本来の優先するべき課題に集中して取り組むことができないものです。課題に集中して取り組むことができなければ，当然，ミスは多くなり，よい点数をもらえないかもしれません。そこで，課題でよい点数を得るために，いっそのこと，キャリア教育の授業を欠席して，自宅や図書館などで課題を解くという選択もあります。けれども，キャリア教育の授業を欠席することで，今度はそちらの成績が悪くなる可能性が出てきます。

ここまで考えて気づいたことがありませんか。そう，優先すべき事項が「必修科目の課題を提出すること」以外にも，いくつか存在するということです。先の例で考えると，少なくとも「必修科目の課題を提出すること」のほかに，「キャリア教育の授業で悪い成績をとらないこと」があります。だからこそ，授業中もまじめに聞いているふりをしたり，課題に集中できなくても出席するなどの努力をしたわけです。ところが，このような努力にはリスクもあります。課題に集中して取り組まなかったことで低い点数になるかもしれませんし，キャリア教育の授業中に先生に内職していることを注意されてやる気がなくなる可能性だってあります。

ここで，優先することの「度合い」の話が出てきます。何を最優先するかによって，さまざまな選択肢があります。もし，課題が必修科目の単位に関わるものであれば，キャリア教育の授業を欠席したことによる減点分よりも，課題を真剣に解いてよい点数をとることのほうが優先するべき事項ですので，思い切って授業を欠席したほうがよいかもしれません。一方で，課題は何か書いて提出しさえすれば単位はもらえるし，授業もでておけば単位はもらえると考えたのであれば，やはり授業中に内職するという選択がベストだと考えるかもしれないですね。もちろん，最善の選択は，早めに必修の課題に取り組んで，キャリア教育の授業の前に提出しておくことですが，理想通りにいかないことはよくあるものです。

これからみなさんが歩むキャリアでは，人生の節々で，大小さまざまな選択肢に直面することとなります。そのときに何を優先するかによって，進む方向や結果が変わってきます。実は，選び取った選択が正解なのか，不正解なのかは，それほど重要ではありません。なぜならば，選び取った結果は，そのときの目的や目標によって評価が変わってくるからです。さらに言えば，いい加減に選ぶことがダメだとか，衝動的に選ぶことが浅はかなことだとは，一概には言えません。直感的に行動をして損をしたと思っていても，数年経ってから，あの選択があったからこそ，今のチャンスにつながっていると気づくことがあるものです。ただし，だからと言って，何も考えずに選択しても「人生何とかなる」と安心はできません。自分の選んだ，1つひとつの選択の積み重ねこそが，みなさん自身のキャリアそのものとなる点は，しっかりと考えておかなければならないのです。

もちろん，選択した結果を，成功だと思うことも，失敗だと思うこともあるでしょう。けれども，みなさんの人生のその先には，いつでも新しい未来が待っています。失敗だと後悔したのであれば，そこからまた1つずつ自分なりの選択をしていけばよいのです。大切なことは，何が自分にとっての優先事項となるかを，みなさん自身で気づき，その時々でしっかりと考えながら選びとることなのです。

さて，キャリアをデザインするための「長さ」「深さ」「大きさ」といった3つのポイントは理解できたでしょうか。現段階では，「なんとなく」といったレベルでの理解でかまいません。

次の章からは，さまざまなテーマから「自分らしさ」を考えていくこととなります。授業のなかで，自分のことを真剣に考える貴重な機会です。みなさんのワクワクするような将来のために，少しでも多くのヒントをつかんでいきましょう。

# 第 **3** 章

# 大学生としてのアイデンティティ

大学 4 年間の日数を数えると 1460 日になります。入学直後から始まる卒業までのカウントダウンをどのように過ごせばよいのでしょうか。大学生になると，高校生までと比べて活動範囲は広がります。この章では，大学生としての自分を見つけるために，大学のなかでの学びに加え，大学の外でも経験を積むことの意味を考えてみましょう。

# 第 1 節

# 大学で学ぶ

## *1* テーマのねらい

みなさんは，大学生として「大学」を思いっきり活用することができます。たとえば，授業を受けることができますし，実習や研究もできます。そして，大学では，さまざまな友人や先生との出会いがあります。また，大学のなかには利用できる図書館や体育館がありますし，敷地内には，他にもさまざまな施設があります。このように，大学には，大学生として高度なスキルを身につけるための資源（活動をするために役に立つもの）がたくさんありますが，これらを自分なりに活用するためには，何を大学で学ぶのかを知っておくことが大切です。ここでは，大学で学ぶ意味を考えることを通して，大学生としての自分を見つけるためのヒントをつかむことが目標です。

## 2 学習のためのヒント

・大学で学ぶことは，将来，何の役に立つのでしょうか？
・高度な専門性とは，どのような意味をもっているのでしょうか？
・大学で得ることができる資源にはどのようなものがあるでしょうか？

## 3 大学で学べること

今，みなさんが通っている大学を選んだ理由は何ですか？ 偏差値で合格圏だったから，自宅から通えるから，先生にすすめられたから，などいろいろな理由があると思います。それでは，みなさんは入学することとなった大学のことを，どのくらい調べましたか？ おそらく，学部や学科，偏差値，所在地，交通の便，卒業生の就職先などについては，入学前に入念に調べたのではないでしょうか。しかし，大学で何を，どのように学べるのかということについてはどうでしょうか。

どの大学にも「教育理念」というものがあります。教育理念とは，大学がどのような人材を育てるかといった方針を示しているものです。そして，この教育理念は，みなさんの大学生活に大きく影響を与えています。なぜならば，大学は教育理念に基づいて，学習環境や授業の内容を考えていきますし，そもそも，教育理念を理解していない教員や職員は雇ってもらえません。それほどに，教育理念は，みなさんの大学生活の軸となるものです。

さらに，その教育理念を受けて，大学を卒業するまでに身につけるべき目標としてのポリシー（ディプロマ・ポリシー）が定められています。厳密には，みなさんは，この目標であるポリシーを達成しなければ，卒業することができません。とはいえ，みなさんのような学生の立場からすると，「卒業するために必要なポリシーはこれだ！」と言われても，どのようにその知識やスキルを身につければよいのかはわからないですよね。ですから，大学は，卒業までの4年間で，いつ，どのような科目を履修すればよいか工夫しながら授業を提供していますし，授業のシラバスには，学習内容だけではなく，授業の目標や授業計画が書かれているのです。

### ■大学の授業は何のためにあるのか

さて，履修の仕方や授業の受け方がわかったところで，そもそも，何のために授業を受けなければならないのかという疑問が湧いてくるかと思います。

「学校で勉強したことは社会（仕事）では役に立たない」という意見を聞いたことがあるでしょうか。半分以上の社会人が「学生時代の勉強がまったく生かせていない」と考えているといった調査報告や，大多数の社会人が大学の勉強は仕事に役立っていないと言っているという報道など，大学生のみなさんにとっては残念な意見があることは確かです。しかし，一方で，「もう一度，大学で学び直したい」「大学でもっと勉強をしておけばよかった」という意見があることも，また事実です。

実は，「大学で勉強したことが仕事に役立たない」ということは，ある意味では真実かもしれません。大学は，教養や専門性を高めるための授業を提供していますので，たとえば建築の科目と建築士，医学の科目と医師，情報の科目とプログラマーなど，専門科目と仕事が“直接的”に結びつく仕事に就けた人以外は，「知識が役に立たなかった」と思ってしまうのは仕方がないことです。なかには，大学の専門科目を勉強するよりも，英語や簿記，統計などの業務と直結する勉強をしておけばよかったと思う人もいるほどです。しかし，そういうことを期待しているのであれば，大学はそもそも直接的に仕事に結びつく知識やスキルを教えることを目的とはしていないので，残念ながら，大学に入学するよりも，専門学校や資格取得のための学校に通ったほうが効率的だったかもしれません。

それでは，大学は授業で何を教えようとしているのでしょうか？ もちろん，“高度な”教養や専門性をもつ人材を育成するために“必要なこと”を提供しているのですが，その必要なことはかならずしも，大学の先生から「教えてもらえる」わけではありません。それは，大学が高校までと異なり，知識を覚えることを目的としているわけでなく，もっている知識を生かして幅広い考え方や視点をもち，ものごとの真理を見極めていくためのスキルを身につけることを重視しているためです。このことは，第1章でも学びましたね。要するに，大学の授業では，さまざまな疑問をもち，その問いについて真剣に考えることが重視されているので，「結局，正解は何なんだ！？」とモヤモヤしたまま終わることもあたりまえにあることなのです。

## ■大学で学ぶための資源

このように，大学では，専門知識の量やテクニックよりも，自分の専門性に関することについて深く考えるための力を「高度な専門性」と呼んでいるのですが，それは，現在の知識やスキルが不変ではないこととも関係しています。それでは，大学では，知識があまり必要ないのかというと，そうではありません。基礎となる知識がなければ，その知識を生かすことはできないので，知識をもっていることが前提となります。

たとえば，「貧困をなくす」ために専門性を生かそうと考えるとき，「貧困をなくすために必要なことは何か？」を考えると同時に，先人によって積み重ねられてきた貧困の概念や歴史などの知識を知っておく必要があります。つまり，予測ができない物事を解決していくためには，その土台となる知識から導きだした仮説を「あーでもない」「こーでもない」と悩み，失敗しながらも，地道に検証していく力が必要となるのです。

だからこそ，大学には学びのための資源となる多くの施設があります。その1つが図書館です。大学以外にも図書館はありますが，自分の大学の図書館が便利な理由は，その大学で学ぶために必要な専門領域の本が集められているからです。地域にある図書館の目的は，多くの人が多様なジャンルの本を手に取れることですので，必ずしもほしい専門書があるとは限りません。テストや課題のためだけでなく，発想力を鍛えに大学の図書館に行ってみましょう。

もう1つ，大学で大切な資源とは，専門家である教員や同じキャンパスで学ぶ仲間の存在です。大学の先生は，自分の専門に関することを毎日，考え続けていますので，学生のみなさんよりは少しだけ幅広い考え方や視点をもっています。とはいえ，先生も人間ですので間違えることもありますし，何でも見極められるかというと，当然ながら限界があります。そのようなときに力となってくれる存在が，同じクラスやゼミナール（研究室）の仲間です。同じ基礎的な知識をもったうえで，一緒にわからないことを調べ，議論できる仲間の存在は，生涯の宝にもなるかけがえのないものです。

さあ，みなさんの大学での学びが始まりました。社会人となったときに，「役に立った！」と思えるように，大学の資源を最大限に活用しましょう。

## 4 振り返りのポイント

・大学では，知識やスキル以外にも，広い視野や考える力を身につけることができる。
・大学の施設を活用し，共に議論ができる仲間を見つけることが未来につながる。
・大学ではどのような力が獲得できるのかを知ることで，将来のイメージが見えてくる。

## 5 エクササイズ

大学の「教育理念」や「ディプロマ・ポリシー」を検索し，どのような力を身につけることが期待されているかを確認しましょう。そのうえで，それらの力がみなさんの将来に，どのように関係してくるのかを考えてみましょう。

## 6 おすすめの本＆読むポイント

■スティーブン・スローマン＆フィリップ・ファーンバック『知ってるつもり　無知の科学』（土方奈美訳，早川書房，2018 年）
「知っている」とはどういうことなのか。何を知っていて，何を知らないのかということから始まる，知識だけではない“高度な教養”を身につけるためのヒントが盛りだくさんの本です。

## Column I　学びのための大学活用

大学での学びには，自主性が求められます。このコラムでは，大学での生活において学びを促進するために使える豆知識を伝授します。

■オフィスアワーの活用

大学の授業には，基本的にオフィスアワーが設定されています。オフィスアワーとは，授業担当の教員が，学生からの質問・相談に応じるために確保されている時間のことです。この時間を活用して，積極的に授業でわからないことや興味のあることについて教員に質問してみましょう。

授業内容に関する質問であれば，専門家である教員は的確なアドバイスをくれます。教員によっては，授業の感想でも，履修に関する相談でも，おすすめの本を聞きに行くでも，オフィスアワーではなんでも受け入れてくれますので，聞きたいことがある場合は，積極的にコミュニケーションをとるとよいでしょう。

オフィスアワーを使ううえでの注意点は，活用するタイミングです。最終テストに出す問題に直接答えてしまう可能性を防ぐなど，さまざまな理由から長期休暇やテスト期間には，オフィスアワーが設置されていない場合があります。また，テスト前には多くの学生が焦って勉強を始めますので，その分，質問量も多くなりオフィスアワーが混雑する場合も考えられます。授業でわからない点があれば，すぐに質問・相談に行くのがおすすめです。

オフィスアワーの時間や時期は授業のシラバスに載っていますので，授業を受ける際にはシラバスをよくチェックしましょう。

■ Teaching Assistant（授業補助者）

授業には Teaching Assistant，通称 TA（ティーエー）と呼ばれる人がついている場合があります。この TA は，実習形式の授業では学生の実験・実習のサポートやアドバイスをしたり，座学形式の授業では教員のサポートや学生からの細かな質問などに対応をしてくれる授業補助者です。専門科目の授業であれば，TA は専門の学科の大学院生が務めている場合が多く，授業を受ける立場から離れて長い時間が経った教員よりも，より学生に近い視点でアドバイスをくれます。

■各種支援サービスの活用

大学には，学習支援と呼ばれる，学生の学びをさまざまな角度から支援するための体制があります。授業に関することでは，学生の学びをサポートする目的で，ウェブ上での授業資料の閲覧や，教員に質問を投げかけることができる教育支援サービスなどが取り入れられています。また，学習・生活に関することであれば，ピア・サポート，学習サポーターなどと呼ばれる支援があり，若手の教員や，大学院生，時には学部の上級生がサポーターとして，さまざまな授業に関するアドバイスをしてくれます。

そのほかにも，資格取得や就職活動の支援・学生生活に関する相談など，学習以外の面でもサポートする体制があります。このような各種学習支援は，基礎的なレポートの書き方や，文書・プレゼンテーション資料作成ソフトの使い方など，オフィスアワーでは質問しづらい，より幅の広い範囲の質問をするのに向いています。

ピア・サポート，学習サポーターと呼ばれる主なサポーターは大学院生などであるため，教員に相談に行くよりもハードルが低く感じる方がいるかもしれません。また，より学生に近い立場から授業内容の理解や，履修のコツまでヒントをもらうことが可能かもしれませんね。

■たくさんの人と会い，話すことができる大学

このコラムの筆者自身，多くの人に会う機会をたくさんもらい，さまざまなことを話してきました。その際，「大学生のうちにやることとしておすすめはありますか」と聞くと，すべての人が「多くの人と出会い，たくさん会話をすること」と答えてくれました。私は大学をたくさんの人と出会う場としても活用してほしいと思います。そのような場として，ここで紹介したオフィスアワー，TA，各種サービスを活用するのもよいと思います。また大学には教員・職員だけでなく多くの同期・先輩・後輩もいます。サークルなどに参加することも多くの人と出会い，会話する手段の1つですね。このコラムが，みなさんにとって，よい大学生活を送るヒントになればとてもうれしいです。

# 第2節

# キャンパスの外で学ぶ

## 1　テーマのねらい

みなさんは，大学という新しい環境での生活をスタートさせました。バイトするぞ，サークルに入ろう，ボランティアもやってみたい，など大学での勉強以外にいろいろなことを計画していることでしょう。大学生になってからは，多様な地域からの同級生はもちろんですが，今まで以上に年齢や所属が違う人たちと，自分の責任において接する＝同じ時間を過ごすことになります。この節では，大学での勉学生活以外での出会い，大学外での出会いと，その出会いの意味を意識化することが目標です。

## 2　学習のためのヒント

・「空気が読める」とはどんなことだと思いますか？
・入学後，大学以外の友達ができましたか？
・大学の外で，どんな活動をしていますか？

## 3 いろいろな人と知り合う

みなさんの周りには，どんな人がいますか。家族や親戚，地元の友達，ゼミの仲間，サークルの友達，バイト先の同僚や上司……数えてみると，案外たくさんの人と関わりをもっていることがわかります。もちろん，付き合いの程度はさまざまですが，みなさんが挙げた人たちとの最初の出会いを覚えていますか。家族や親戚は，出会いの意識もないままあたりまえのように関わってきたかもしれませんが，たとえば，大学に入学して１カ月ぐらいは，友達ができるかドキドキしながら過ごしたのではないでしょうか。このような「知らない人」から「知っている人」への移行を，みなさんは数え切れないほど経験しています。

知らない人との出会いは，ワクワクもしますが，どんな人かわからないし，うまく話しかけられるか，話が合うか，自分がどう思われるか不安にもなります。しかし，大学の中でさえ知っている人よりも知らない人の数のほうが圧倒的に多く，知らない人との出会いは今後の人生において何度も繰り返されます。不安は消せませんが，大学の中にも外にも目を向けて，ワクワクを増やす方策を考えてみましょう。

### ■「異文化」理解の重要性

異文化との触れ合いは大事だ，異文化理解を深めたいと思って，大学生の間に外国人留学生との交流や，海外留学を考える人が多いと思います。国が違うことは，異文化の１つの要素です。違う国の人と出会うと，自分と同じだ，あるいは違うという非常に興味深い比較ができます。同時に，誤解が起きやすいし，理解しにくいことが多いのも事実です。しかし，日本人同士でも，出身地が違ったり，出身校や学科，年齢や性別が違うと，「異文化」を感じます。

私たちは，新しく１人の人に出会ったとき，無意識に自分と比較し，相手の異なる点，つまり「異文化」に気づきます（同じ点は，あたりまえのこととして意識しないかもしれません）。異文化とは，国単位ではなく，１人の人間としての１

対１の出会いにあるものなのです。人と人との付き合いには，摩擦もあれば理解もあります。その大きさが違うだけです。他の人との出会いによって，自分についていろいろ気づくことも，他者と対立することもありますが，この過程こそが異文化理解です。

他者（異文化）と出会うことで，初めて自分がわかるようになります。これまで何度も「いろんな人と会いなさい」「いろんなことをしてみなさい」とご両親や教師が言ったのは，誰と会うのかによって，何を対比するのかも違うし，自分の状況によって対比できることも違ってくる，その結果，「私とは何か」の認識も違ってくるからです。

「私とは何か」については第４章でも学びますが，具体的には自分がもつものの見方，考え方です。アイデンティティという場合もあります。私たちは，今までの知識や経験が詰まった「今の自分」で，さまざまな状況に対応していきます。「今の自分」は今までの自分の経験や知識に限定されるといわれます（池田・塙編，2019）。つまり限界があるのですが，どこが限界かは他の人と出会わなければ，なかなかわかりません。まったく新しいこと（人），知らないこと（人）に出会うと，今までの知識や経験が使えなくて（限界を超えて），不安になって逃げたり，失敗したりします。この逃げや失敗の経験が今までの自分に新しく追加されて，「私とは何か」が進化します。これを何度も何度も繰り返すことによって，自分のもつステレオタイプ（固定観念）や自分の「普通」に気づくこともできますし，あえて自分の限界を超えたり，自分を抑えたりすることも可能になります。このように，「私とは何か」は今までも，これからも固定されたものではないし，新しい知識や経験を得るごとにアップデートされていくのです。

## ■空気を読む

まったく新しいこと，知らないことに出会うのは，多くの場合，自分が所属するグループを出たときです。みなさんは今，どんなグループに所属していますか。家族，大学，サークル，アルバイト，都道府県，日本，さまざまな大きさのグループがあると思います。このグループは，「社会」ともいいます。私たちは，1人の人間として1対1の人間関係をつくりますが，同時に複数の社会にも属しています。私たちは，社会のなかで「その場にふさわしい対応」を求められます。これは，日本だけではなく他の国でもそうですし，もっと小さいグループ，たとえば家族でも同じです。私たちは「この状況で，どう言ったらいいか，どう行動したらいいか」を気にします。ふさわしくない場合，失礼になったり，ばかにされたり，相手を傷つけたりするからです。その場面にふさわしい対応は，法律やマニュアルなどに書かれているわけではありませんし，相手やその関係，状況で変わります。だから，ある程度はっきりしているその社会での習慣やルールと，自分の今までの経験や知識を使って，「たぶん，今はこれがふさわしい」と考えて，話したり行動したりします。これらの習慣やルール，今までの経験や知識は，すでに自分のものになっています。難しい言葉でいうと，内面化しています。この内面化されている経験や知識を使って，「たぶんふさわしい」ことを考えて行動します（池田・塙編，2019）。

みなさんが「今はこれがふさわしい」と考えて話したり行動したりしたことが，そこにいる他の人たちと同じだと，みなさんがよく知っている言葉では「空気が読める」，違うと「空気が読めない」と言われます。

「空気」は，「誰と」「どういう関係で」「いつ」「何について」によって変わるものです。空気は，自分のグループなら読みやすいです。なぜなら，グループメンバーは互いに知っていることが多く，するべきことも同じで，説明なしでもふさわしい言動をするからです。これはとても居心地がいい状況です。ところが，グループＡの人が，グループＢに行くと，空気を読むのが難しくなります。グループによって，ふさわしいこと，ふさわしい場面が違うためです。

でも，別のグループに行かない限り，私たちは空気が違うことに気づきません。1対1の出会いと同じです。ましてや空気を決める要素は多く，空気を理解するには，ある程度の練習（経験）が必要です。読み間違えるときもあるでしょうし，誰かに任せてしまうこともあるでしょうが，この経験がその場にふさわしい対応（空気の読み方）の技術を進化させます。勘違いした，失敗した，間違えて恥ずかしかった，これを何度も何度も繰り返すことによって，適切な対応ができるようになっていきます。

そのときの基本は，１対１の出会いです。この１対１の出会いが，その後ろにある別のグループとの出会いにつながります。知らない人との出会いは怖いけれども，人との関係が多ければ，自分を進化させるチャンスも多くなります。やってみて「本当だ！」，やってみて，「違った！」，この経験を内在化して，私たちは新しい「空気」「ふさわしさ」を知ります。新鮮な空気をどんどん取り込みましょう。

> **WORK**
> 大学外の人とどんなつながりがありますか。アルバイトでも，サークルでも，ボランティアでも，隣の家の人でもいいです。何人か挙げて，自分との共通点・相違点を考えてみましょう。

### ■学外での活動のすすめ

みなさんには大学時代に，人（ヒト）だけでなく，自分以外のさまざまな存在（ヒト・モノ・コト）と出会ってほしいです。それらの出会いが自分にどう作用するのか，どんな影響があるのか。それを意識化するために，ここからは，みなさんに最も共通する学外活動であるアルバイトを取り上げて考えてみます。

大学時代のアルバイト経験がみなさんにもたらすものはたくさんあります。まず，他者との出会いの数や，その機会の多さです。自分の意思や好みとは無関係に起こる不特定多数の他者との出会いは，対人関係のノック練習になります。また，アルバイトはモノやコトを供給する立場の体験にもなります。社会人になるとみなさんは需要側から供給側にも回りますから，その移行ゾーンとしての体験です。この出会いや立場の経験は，確実にみなさんを刺激し，それによっていろいろなことを感じます。その感じることの連続が「私とは何か」の進化そのものになります。

**WORK**

では，「私とは何か」。今やっているアルバイトを材料に，今現在の「私」について次の問いをもとに書き出してみましょう。

1. 今のアルバイトは楽しい？ 楽しくない？

   楽しい → 楽しいのはなぜ？

   楽しくない → 楽しくないのはなぜ？

2. 今のアルバイトは得意？ 不得意？

   得 意 → 例：さらなる向上心が芽生えた，得意なのに違和感がある

   不得意 → 例：不得意だから辞めたいと思ってしまう，不得意だけどやりたい気持ちが強い

   アルバイトしてみて得意（不得意）だと初めて気づいた

   そもそも得意とか不得意とか考えたこともなかった

3. 今のアルバイトのなかで，好きなこと・嫌いなこと，得意なこと・不得意なこと

   例：お客さんと話す，お金の計算，ミーティング，忙しい状況，マニュアル対応

4. 今のアルバイトを続けたい？ 続けたくない？ その理由は？

   続けたい → 例：時給がよい，仕事が好き，仲間が好き

   続けたくない → 例：働く人がイヤ，仕事がイヤ，他に興味が移った

5. あなたがアルバイトに求めるものはどんなこと？

   例：時給の高さ，通勤距離，働く場所，仕事内容，人間関係

   他にも求めるものは？ 求めるものの優先順位は？

アルバイトを材料に整理して考えてみると，「私とは何か」が少し見えてきましたか。それまで思っていた自分と異なる姿に気づくこともありますね。たとえば，得意の数学を活かして家庭教師のアルバイトをしているのに常に同じ1人の人を相手にする状況に閉塞感を覚えていることがわかったり，また，人と話すことが苦手でその克服のため接客のアルバイトを始めたにもかかわらず，

実際にはお客さんとの会話にあまり苦労せず対応できている自分に気づいたりと，さまざまなケースがあるでしょう。

このように自分とアルバイトの関係を見つめてみて，今現在の「私」について何がわかったでしょうか。そしてそれは自分で把握しているものと寸分の違いないものでしたか。自分でも認識していないことだったり，最新の自分だったり，見えてきたのは，自分の「好み」や「考え方」，「能力」や「常識」等，今現在の「私」に付帯するものです。

いろいろな人と知り合ったり，いろいろな体験をすることは，自分を確認したり，自分をアップデートさせたりと，多くの拡がりを秘めています。今この瞬間のあなたもアリですし，自分以外の存在との出会いで刺激を受けた別のあなたもアリです。大学生のあなたと，その後のあなたを，あなた自身で支えていくための「自己」，つまり「私とは何か」を形成するため，キャンパスの外に出て多くのことと出会ってほしいのです。それも学びです。

## 4　振り返りのポイント

・「今の自分」をアップデートするためには，意識していろいろな人と話したり一緒に活動したりすることが重要。
・空気は読みにくい。だから，積極的に別のグループに入って空気を読むトレーニングが必要。
・大学の外の身近な日常も別のグループ。アルバイト，サークル，ボランティア，ちょっとでも関心をもったらやってみる。

## 5　エクササイズ

**●大学生になってからできた友達に実家での生活について聞きましょう**

①以下について，3つずつ紹介し合いましょう。

a. 食事（例：黙って食べる，片付けは子どもがする）

b. 生活時間（例：朝6時に起きる，お風呂は朝入る）

c. してはいけないこと（例：テレビを見てはいけない，親にタメ口で話してはいけない）

②上記について，どうしてなのか，また，あなたはそれらをどう考えていたかを話しましょう。

●以下について，その理由や目的も含めて自分自身に確認してみましょう

①大学生になってから勉強以外に始めたことはなんでしょう。

②大学生のうちにやってみたいと思っていることはなんでしょう。

## 6　おすすめの本＆読むポイント

■山本七平『「空気」の研究』（文春文庫，1983 年）

1977 年に書かれた本で読みにくいところも多いですが，挑戦してみる価値があります。

■山之内俊夫『車いすでアジア』（小学館，2000 年）

「今の自分」が変わっていく過程を追体験できます。やってみたいなとちょっとだけ思っていることに挑戦してみたくなるでしょう。

■坂本龍太朗『日本を出て，日本を知る――日本人が日本人として，これからの時代を生き抜くヒント』（アメージング出版，2019 年）

隣の人とでも「他者と出会って自分を確認」はできますが，国を超えて実践するとこんな感じです。

### 引用・参照文献

池田理知子・塙幸枝編，2019，『グローバル社会における異文化コミュニケーション――身近な「異」から考える』三修社。

# 第 **4** 章

# これからのキャリアをイメージする

私たちのキャリアを積み重ねていく道筋は無限に広がっています。それだけに，これからどのような道に進んでいくのかを自分自身で選択していかなければなりません。この章では，キャリアの基本的な知識を踏まえたうえで，自分のキャリアについてイメージしてみましょう。

# 第1節

# キャリアについての基本的な話

## 1　テーマのねらい

この教室に100人の学生がいるのであれば，育ってきた環境，興味がある分野，理想の将来像，悩んでいることも100通りあるでしょう。同じようにキャリアに対する考え方・とらえ方は人それぞれです。これからの人生を歩んでいくために，1つの正解や過去の成功にこだわるのではなく，あなた自身で「生涯にわたる自分らしい生き方」を創り出すことが求められます。この節では，これからの人生を豊かにするために，基本的なキャリア理論がどのように役立つのかを学ぶことが目標です。

## 2　学習のためのヒント

・あなたはどんな“キャリア”を歩んできた人でしょうか？
・キャリアをデザインするために必要なことはどのようなことでしょうか？
・理想通りのキャリアを歩むことが，よい人生でしょうか？

## 3　キャリアってそもそも何なの？

あなたの身の回りにはどのような職業についている人がいますか。研究を続けている人や会社に勤めて営業をしている人，公務員として福祉に携わっている人，自分で起業し経営者となっている人もいれば子育てや家族の介護をしている人，なかには自ら働かなくても投資で収入を得て生活をしている人や旅をしながらその日暮らしの人など，ライフスタイルはさまざまです。では，あなた自身はどうでしょう。どのような人生を歩むのか，どんな未来になっているのか，この本を手に取って読んでいるこの時間では，まだ誰も知りえないことではないでしょうか。

「キャリア」(career) という言葉は，中世ラテン語の「車道・轍」を起源としており，競馬場や競技場におけるコースやそのトラック（行路，足跡）を意味する言葉となりました。荷物を積んだ馬車が整備されていない砂道を進んできた様子を思い浮かべてみてください。その砂道には，その馬車が進んできた車輪の道筋が残されていますね。その車輪の跡は，決してまっすぐなものではなく，坂道を上るときに曲がってしまったり，石に躓いてしまったり，涼しそうな木陰で休憩した形跡もあるでしょう。こういった描写から，人がたどる行路やその足跡，経歴，遍歴なども意味する言葉として使われるようになりました。今では，経歴，職歴，生涯，生き方と結びつけて「キャリア」という言葉が使われることが多くなっています。そこでまずは，自分自身を理解する枠組みとして，さまざまな「キャリア理論」を理解し，これからの職業選択や働くことを考える際に役立てられるようにしましょう。

### ■キャリアとは，前進するために大切な錨を載せている船

突然ですが，あなたについて教えてください。

①あなたは何が得意ですか？

②あなたは何をやりたいと考えていますか？

③どのようなことをやっている自分に意味や価値が感じられますか？

いかがでしょう。すんなり答えることができたでしょうか。いざ，自分のことを振り返り言葉にするとなると難しいかもしれません。これは，それぞれ①「能力：できること」②「動機：やりたいこと」③「価値観：やるべきこと」の自己イメージを探る問いです。エドガー・H・シャイン（シャイン，2003）は，この3つの問いから，自分らしく生きるために，自分のキャリアにおいて絶対に譲りたくない最も大切なことがあるという概念を「キャリア・アンカー」として提唱しました。キャリア・アンカーの「アンカー」は船の「錨（いかり）」のことを指します。船は錨をおろすことで安心して停泊できます。この安心である状態を，自分らしくいられる状態になぞらえてキャリア・アンカーと呼びます。

この自分らしくいられる状態に気づき，自分らしさを見つけることも学生生活では大切なことでしょう。それでは，キャリアというものがどのようにして形成されるのか具体的に学んでいきましょう。

## ■キャリアとは，何かの終わりから始まる成長のプロセス

### ①進路選択で悩みを抱くのはなぜ？

自分に何が合っているかわからない，ブラック企業に就職してしまった，リストラされてハローワークに相談に行かなくてはならない。自分の将来を考えたときに，このように精神的にも肉体的にもダメージを受けることを想像して不安になる人が多いです。しかし起こるかどうかわからないことに悩んでいてもいっこうに前進することができません。それなのになぜ，人はこのような悩みを抱くのでしょう。

1年に春夏秋冬の四季があるように，長い人生のなかでそれぞれの時期を経て移り変わっていくことをキャリア理論では「ライフサイクル」といい，そのライフサイクルのなかで物事が移り変わる時期（過渡期・転換期）を「トランジション」といいます。進学・就職・結婚・出産など周囲の環境の変化や自分自身の身体や心の成長など，今までの自分との変わり目，つまり“ターニング・ポイント”となりうる時期は不安や葛藤を抱えやすい時期でもあります。特に

17歳～22歳という社会に出る前後の年代は，就職や進学，一人暮らしなど何かを検討したり選択したりしなければならない変化の時期とも重なるでしょう。またこの時期は，親や家族，教員，社会に守られて生きるのではなく，自分自身で道を切り開いていくことを自覚しだし，社会からは自分が選択した役割や責任を誠実に果たしていくことも求められます。このように，学生の期間は，心の成長と環境の変化によって不安を抱えやすいさまざまな状況に置かれる時期でもあるのです。

**②悩みの原因は，失敗を恐れる自分自身**

①で学んだように，みなさんは悩みを抱えやすい時期にあるといえます。そして，その悩みの原因には，責任が大きくなったからこそ，失敗を恐れることがあるのではないでしょうか。

『国語辞典』（三省堂）で「失敗」の意味を調べると「やり方がまずくて，思ったとおりにならないこと。しくじること」とされています。言葉の意味から，その過程になんらかの原因があったととらえることができます。

あなたは，今ここに存在していてこのテキストを手に取り，この文章を読んでいます。これは紛れもない事実ですね。では，これまでにどのような経験や体験をしてここにいる人なのでしょうか。少し思い出してみましょう。楽しかったこと，つらかったこと，悔しかったこと。さまざまな経験をして今ここに座っているのではないでしょうか。困難を乗り越えて今ここに座っている人もいれば，不本意ではあったものの何かを決断してここに座っている人もいるかもしれません。隣の人とまったく同じ経験をしてここにいるという人は誰１人いないはずです。つまり，ここに至るまでのプロセス（過程）は人それぞれだということです。

いずれにしても成功や失敗だったという結果を認識するのは，自分自身の過去の経験や行動が影響しています。しかし，失敗が失敗のままで終わっているでしょうか。失敗から学び，次はどうしたらいいかと考えるからこそ，悩みにもぶつかるのです。トーマス・エジソンの有名な言葉に，「私は今までに一度も失敗をしたことがない。電球が光らないという発見を，今までに２万回したのだ」とありますね。過去の経験を新しいものに入れ替えながら，次のステップへ進むこともトランジションを乗り越える方法といえるでしょう。

**③次のステップに進むことに自信をもとう**

アメリカの心理学者ブリッジズはこのトランジションを研究した1人です。ブリッジズは“変化”とは，新しい学校に進学すること，進級すること，一人暮らし，など「外的な出来事が変わること」であり，これに対して“トランジション”は「心理的に変わること」，つまり人生に関わる変化に対処するために必要な内面の再方向づけや自分自身を再定義することと述べています（ブリッジズ，2014）。すなわち“トランジション”とは，1人の人間として成長するために各ステージでの課題にそのとき，そのとき向き合い，一歩ずつ歩んできた過程と言うことができるでしょう。

“トランジション”は，今のステージから次のステージへと成長していくことですが，次のステップに行くためには，これまで信じてきたことや思い込んできたこと，これまでの自分のあり方や世界観，他者との接し方を「手放す」ことから始める必要があります。ブリッジズは，今いるステージを終わらせることだけでなく，自分自身のために「“当てはまらなくなったこと”，“ふさわしくなくなったこと”が何であるかをとらえること」や「次のステップに進むために“何が必要か”を見出すこと」が重要であると強調しています。

さらに，“トランジション”を乗り越えるためには，目の前の出来事から逃げずにとどまることも大切な方策であると述べています。たとえば，長年目指してきたプロのサッカー選手という夢。ケガをして試合に出場できなくなってしまい，復帰の目途も立っていません。このときに，すっぱりと選手を諦めて違うことをする選択もあれば，他の選手のサポートやチーム運営側の立場に立ち，トレーナーやスポーツ経営を学ぶ選択もあります。復帰を目指して，リハビリとトレーニングに励み続けるということも可能です。いずれにしても，今の状況にしっかり目を向けて決断しなければなりません。

もしかすると，今のあなたは，何かが終わった，とか，何かが始まっているとさえも感じていないかもしれません。しかし，これからキャリアをデザインするなかできっといろいろな出来事にぶつかることでしょう。失敗をしたくないから，新しい経験を避ける，誰かの成功体験をそのまま真似て終わる，のではなくて，自分はどのような道を歩むか，さまざまなトランジションを味わいながら踏み出すことが必要かもしれません。

**WORK**

自分のこれまでの"トランジション"を思い出してみましょう。

①これまでの経験のなかで，ターニング・ポイントになったことは？

②その経験を今振り返るとどう思っている？

もし，あまり思い出せなかったという方は，よい意味でのトランジションを起こすためにも，行動をまずは起こしてみましょう。新しい出会いや機会にめぐり会うことが自分の成長のきっかけになるかもしれません。

### ■キャリアとは，予期せぬ出来事や人との出会いから創られる

#### ①予期せぬ出来事と転機

これまでの人類の歴史のなかで，産業革命や戦争など大きな出来事が起きてきました。その当時の人々は，その予期していなかった出来事を，どのように乗り越えてきたのでしょうか。2020年，私たちは，新型コロナウイルス（COVID-19）の流行という予期せぬ出来事に直面しました。そしてこのパンデミックは，世界経済に大きく影響を与え，人々の暮らしをも変えました。

たとえば，学校では，これまで普通に教室で受けていた授業が受けられなくなり，ソーシャルディスタンス（社会的距離）を求められました。当時，ちょうど，卒業・入学などの変化の節目にいた人々は，不安な思いをしていたかもしれません。「新しい生活様式」といった課題に対して，あなた自身も含めて，子どもから大人までさまざまな人々が向き合いました。学校でも学習方法や場所が，次から次に変更されましたが，みなさん自身，最初は戸惑ったことを覚えていますか。今ではどうでしょう。

今では，オンラインで何かを体験することや，インターネット上で人々とつながることにも馴染み，日常の一部になっているかもしれません。このことは，これまでに経験したことのないことであっても，自分なりに学びを深める方法

や伝える方法を考えた成果ではないでしょうか。私たち人間は，これまでとは異なった変化に直面しても，より便利に，より暮らしやすく，より働きやすくしていき，そのうちにそれがあたりまえとなります。つまり，困難な出来事は，次の何かの転機かもしれません。だからこそ，そのときに，どう考え，行動するかが，あなた自身のキャリアのヒントになるのです。

**②予期していない偶然がキャリアをデザインする**

さて，予期していない出来事とキャリアデザインについて考えてみましょう。教育心理学者ジョン・D・クランボルツ（クランボルツ＆レヴィン，2005）によって提唱された「計画された偶発性理論」(Planned Happenstance Theory) というものがあります。18歳のときに考えていた職業に就いている人は，全体の約2% にすぎなかったという調査結果をもとに「個人のキャリア形成の8割は，予想しない偶発的な出来事に影響されて起こる」とした考え方です。たとえば，あなたが今学んでいる専攻分野や特技をイメージしてみてください。それは過去のどんなきっかけで始めましたか。それは，思い通りにうまく進み，思い通りの結果になりましたか。刺激や影響を受けたこと，失敗から学んだことや試行錯誤したこと，うまくいくように努力し続けたことなど，自分なりの物語がありませんか。取り組む理由や得意な理由，磨かれた強みや大切な仲間との出会いなど，今のあなたに影響している部分があるのではないでしょうか。

たとえば，Aさんの事例で考えてみましょう。大学2年時に休学をしようか悩んでいると相談にきました。第一希望の大学ではなかったため，再度受験し直そうかと思っているとのこと。「第一希望の大学に今から入り直せたら，どんなことができるの？ それは，今，ここではできないことなの？」と問いかけてみました。しかし，Aさんは，やはり休学をしました。けれども，Aさんは休学の間に，2度の海外留学をし，学生会社員として就職したのです。復学後は低学年のサポートをしながら就職活動を頑張り，希望した公務員として働くことが決まりました。

このように，たまたま相談したことがきっかけになり，再受験以外の選択肢を自分でつくったからこそ新しい道に進むことができたのです。

③予期せぬ出来事をつくりだすためには？

それでは，今後，具体的にどうすれば予期せぬ出来事をつくりだせるのでしょうか。クランボルツ（クランボルツ＆レヴィン，2005）は①好奇心（新しいことに興味をもつ），②持続性（失敗しても，努力を続ける），③楽観性（何事もポジティブに考える），④柔軟性（こだわりを捨て，柔軟に変化する），⑤冒険心（結果にこだわらずチャレンジする）の５つの行動指針をもつことが大切であると指摘しています。

先ほど紹介したＡさんは，初めて経験した留学先でさまざまな出会いや時に挫折を経験し，自分を見つめ直す機会を得ました。そして，学生が会社員になれるはずがない，という思い込みを捨ててチャレンジしたことで，仕事の楽しさや難しさ，地域の課題を知ることができました。そうしているうちにＡさんの行動を支援する人たちも増えていったのです。学生生活には，十分そのチャンスがあります。予期せぬ出来事を避けるのではなく，むしろ積極的に機会を創ることが，自分自身の働き方や生き方に大きく影響する出来事や人，企業との出会いになるかもしれません。ポイントは，偶発的な出来事を“意図的”に生み出せるように，“積極的に行動”すること。これを習慣化することが必要でしょう。

## ■キャリアはデザインだけではなく，ときどき流されてもよい

経営学者金井壽宏（金井，2002）が提唱するキャリア理論の１つに「キャリアドリフト」という考え方があります。ドリフト（drift）とは「漂流する」という意味です。自分のキャリアについて大きな方向づけさえできていれば，人生の節目ごとに次のステップをしっかりとデザインしていけばよく，節目と節目の間は偶然の出会いや予期せぬ出来事をチャンスとして柔軟に受け止めるために，あえて状況に“流されるまま”でいることも必要だという考え方です。

たとえば，友人に誘われて始めたクラブ活動に，気づけば誰よりものめり込んでいたなんてこともあるのではないでしょうか。要因が内面であれ外面であれ，大きな変化をともなう節目は，誰の人生にも数年ごとに訪れ決断を迫られます。そんな節目に直面したときにこそ，自分が本当にやりたいことや好きな

ことは何なのかじっくりと内省し，自らの中長期的なキャリアを主体的にデザインしていくべきである，と金井は述べています。

「計画された偶発性」や「キャリアドリフト」の理論から見えてくることは，将来の自分自身のためには，「今」を大切にするということです。そのためには，はじめに説明した「キャリア・アンカー」が何かをまず考えることから始めます。あなたなりのキャリア・アンカーづくりが始まっていれば，身近なところに目を向けてプランを立ててみることもいいでしょう。

たとえば「総合商社に就職する」という具体的な方向性を絞ったキャリアプランを，「英語を使って自分の視野を広げる」という目標に変えてみると，チャレンジできそうなことが増えるのではありませんか。そうすると英語を使える機会はどんなことがあるか，どんな人と関わることができるか，そもそもなぜ英語を話したいのか，など考えられることは多数出てきます。「公務員になる」というキャリアプランも「多くの地域活動に参加してさまざまな人と触れ合う」としてみると，社会基盤の理解につながるかもしれませんし，人々の生活を支えるための問題や課題が見えてくるかもしれません。

このように，職業や職種をいきなり絞って方向性を固めてしまうより，大きな視点（進む道）でのプランや目標を立てると，チャンスに気づきやすくなりますし，実行する過程のなかで理解が深まったり，価値観が変わったりしながら，知らなかった職業に出会い，目的が明確になったり，新たな夢ができるかもしれません。

## 4 振り返りのポイント

・過去を振り返り，さまざまな経験から自分の価値観が形成されていることを確認する。

・“何が必要かを見出す”“逃げずにとどまる”ためには，自分自身の今の状態を客観的にとらえる。

・自ら積極的に機会をつくることが，自分自身の働き方や生き方に大きく影響することを理解する。

## 5 エクササイズ

クランボルツ＆レヴィン（2005）の５つの行動指針を振り返り，キャリアプランを設定します。

ポイントは，大きな視点でとらえること。目標ができたら，今後１カ月の間にそのためにまずやれそうなことを２つ決めてください。それをいつやってみるか，日付も設定します。１カ月後どうなったか，日記やメモに記しておきましょう。

## 6 おすすめの本＆読むポイント

■海老原嗣生『クランボルツに学ぶ夢のあきらめ方』（星海社新書，2017年）

お笑い芸人の事例をもとに，計画された偶発性理論を解説している本。夢のあきらめ方と同時に叶える方法も書かれています。なるほど！ とついうなずいてしまう１冊です。

■鈴木祐『科学的な適職――4021の研究データが導き出す 最高の職業の選び方』（クロスメディア・パブリッシング，2019年）

転職者向けの本ですが，実は就活を始めるときこそ読んでほしい１冊。学生は働いたことがないからこそ，仕事選びの意思決定の視点を活かした企業研究・自己分析をするのに役立ちます。

■稲盛和夫『活きる力』（プレジデント社，2017年）

自分の将来を考えるときに読んでほしい１冊。仕事だけでなくどんな人生を歩みたいか，どんな視点で物事を考えるべきか，自分の生き方を考えるきっかけになる本です。

## 引用・参照文献

ブリッジズ，W., 2014,『トランジション――人生の転機を活かすために』（倉光修・小林哲郎訳）パンローリング。

GCDF-Japan,「キャリアカウンセラートレーニングプログラムテキストブック」（https://www.career-npo.org/GCDF/〔2021年2月閲覧〕）

金井壽宏，2002,『働くひとのためのキャリア・デザイン』PHP研究所。

クランボルツ，J.D. & A.S. レヴィン，2005,『その幸運は偶然ではないんです！』（花田光世・大木紀子・宮地夕紀子訳）ダイヤモンド社。

シャイン，E. H., 2003,『キャリア・アンカー――自分のほんとうの価値を発見しよう』（金井壽宏訳）白桃書房。

# 第2節

# 自分のことを見つめる

## 1 テーマのねらい

「自分らしい生き方」をする主役はほかでもない，あなた自身です。それでは，あなたにとって「自分らしい」とは，どのようなことでしょうか。「自分らしい生き方」を自ら選択するためには，その一歩として「自分らしさ」を理解していることが重要です。「自分らしさ」を理解するためには，自分のことを見つめ，自分を受け入れることが求められます。ここでは，その意義や基本的な考え方，そしてその方法を学ぶとともに，グループワークを通じて実際に自分をより深く知ることが目標です。

## 2 学習のためのヒント

・自分を見つめることはどうして重要なのでしょうか？
・自分を見つめるにはどのようにしたらよいでしょうか？
・これからのキャリアをイメージするにはどうしたらよいでしょうか？

## 3 なぜ自分のことを見つめるのか

『100万回生きたねこ』（佐野，1977）という絵本を知っているでしょうか。主人公のねこは，飼い主を変えながら100万回生まれては死んでいきます。あるとき，ねこは誰のねこでもない，野良ねことなりました。ねこは，1匹の白ねこに関心をもつようになります。そして2匹は一緒になり，たくさんの子ねこが生まれます。子ねこたちはいなくなり，ねこと白ねこだけになりました。2匹は歳をとり，白ねこはねこの隣で静かに動かなくなります。ねこは初めて悲しみ，100万回も泣き続けます。ある日やっと泣き止むと，白ねこの隣で静かに動かなくなり，決して生き返りませんでした。

これまでのねこの生涯は波乱万丈でしたが，自分らしく生きることができなかったのでしょう。そして「自分らしい生き方」に出会うために何度も生き返ります。あるとき，飼い主のいない自分のねことなり，自分のことを見つめ，受け入れて，ありのままの自分を大好きになったのです。そして，愛する白いねこと一緒に生き，幸せな時を過ごせたことで，自己実現ができたと思われるのです。ねこが決して生き返らなかったのは，ねこがようやく自分が望む人生をまっとうした，と満ち足りたからではないでしょうか。私たちは，悲しくも温かな気持ちで絵本を閉じるのです。この物語は，自分のことを見つめ，受け入れ，「自分らしい生き方」ができると，それが幸せな人生につながることを物語っています。

### ■自分は何者か

このように，幸せな人生をまっとうするためには「自分らしい生き方」を選択することが重要だと考えることができます。それでは，あなた自身の「自分らしさ」を，あなたはどれくらい理解しているでしょうか。「自分のことは自分がよくわかっている」と思うかもしれません。確かに，自分の性格やものの好き嫌いであれば，他人よりも自分自身がわかっていることも多いでしょう。しかし，自分の強い面や弱い面も含めて，自分自身をどれだけ深く理解してい

図 4-1　自分自身を知るための文章完成法

例. 私は＿大学生です＿＿＿＿＿。
1. 私は＿＿＿＿＿。
2. 私は＿＿＿＿＿。
3. 私は＿＿＿＿＿。
…
20. 私は＿＿＿＿＿。

表 4-1　自己概念の整理法

| 項　目 | 分　類 |
| --- | --- |
| 特　徴 | A. 外面的・表面的特徴（身体や持ち物，居住地，社会的立場など）<br>B. 内面的・心理的特徴（性格や対人関係，生活態度，自己評価など） |
| 感　情 | a. 肯定的感情<br>b. 否定的感情<br>c. 中立的感情<br>d. 肯定的・否定的の両方の感情 |

（出所）　諸富編，2011 をもとに著者作成。

るかということになると，そう簡単ではありません。

ここでは，自分をどれくらい理解し，答えることができるか考えてみるために，クーンとマックパーランド（Kuhn & Mcpartland, 1954）による「WAI」（Who am I Test）あるいは「20 答法」（Twenty Statements Test）という文章完成法による心理テストを使ってみることとします。これは，「私は…」に続けて，自分のことを 20 項目思いつくままに自由に記述していくものです。

はじめに，ペンと紙を用意して「自分は何者だろう？」と自分自身に問いかけながら，図 4-1 を参考にして書いてみてください。

これらの記述を手がかりとして，自己概念（自分が自分をどのように受け止め，見ているかという自己像）を探っていきます。次に，先ほどの記述内容を表 4-1 のように，2 種類の特徴（A. 外面的・表面的特徴，B. 内面的・心理的特徴）と 4 つの感情面（a. 肯定的，b. 否定的，c. 中立的，d. 肯定的・否定的の両方）に整理してみましょう。

最後に，記述内容から自分自身を振り返ってみます。以下の問いを参考にしてください。

問1. A.とB.のどちらが多く記述されましたか。

問2. a.b.c.d.のどれが多く記述されましたか。

問3. 記述内容のうち，あなたにとって大切だと思う順に番号をつけてみてください。

問4. 問1～3から，あなたは自分自身をどんな人間であると思っているでしょうか。

問5. このテストを行う前と後では，自分自身に対する理解は変化しましたか。またどのように変化したでしょうか。

このように，自分のことを見つめ，自分を理解することから「自分らしい生き方」を探していくのです。

## ■自分を見つめる視点とアプローチ

自分を見つめるためには，さまざまな角度から自分を見つめなおして，自己点検してみることが重要です。それには①自分自身の視点，②他者の視点，の2つの視点があります。

ジョセフ・ルフトとハリー・インガム（Luft & Ingham, 1961）の2人によって紹介された「ジョハリの窓」という自己理解に関するモデルがあります。このモデルでは，自分自身の視点と他者の視点を軸とした，4つの窓（領域）が表されています（図4-2）。

自分をより深く見つめるには2つのアプローチが有効です。1つは「自己開示」で，自分の感情や価値観などについて心を開いて語ることです。もう1つは，他者からの「フィードバック」です。自分とは異なる視点から自分について指摘してもらうことで，固定的なものの見方から脱することができます。さらに，グループワークを通じて，他者の自己開示を聴くことで，自分との共通点や相違点に気づき，より深く自分を見つめることができます。「ジョハリの窓」では，他者からのフィードバックによってⅡの領域が，自己開示によってⅢの領域が小さくなります。このようなプロセスによってⅠの領域を広げ，自分を深く見つめることができます。

図 4-2　ジョハリの窓

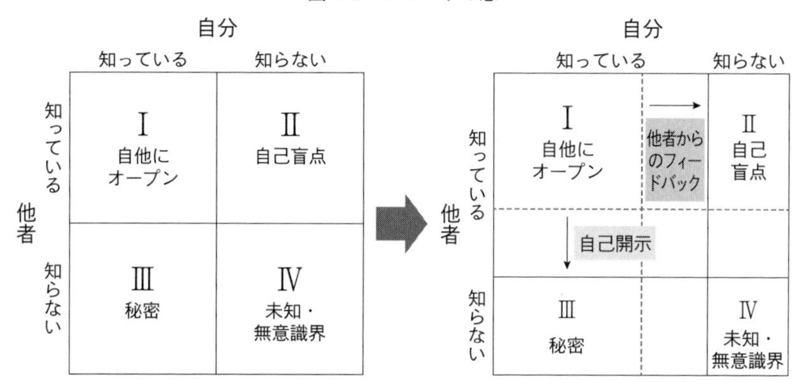


I. 自分も他者も知っている領域（自他にオープン）
II. 自分は知っておらず，他者が知っている領域（自己盲点）
III. 自分は知っているが，他者は知らない領域（秘密）
IV. 自分も他者も知らない領域（未知・無意識界）
（出所）　Luft & Ingham, 1961；諸富編，2011 をもとに著者作成。

それでは，実際に「あなたの価値観」をテーマにして，自己開示と他者からのフィードバックを体験するグループワークをしてみましょう。

### ■「あなたの価値観」を知る

はじめに，「あなたの価値観」について１人で書き出してみてください（以下，すべての表はサビカス＆ハートゥング〔2018〕をもとに著者が作成）。

「あなたの価値観」

問 1.　あなたの憧れている人・尊敬する人はどのような人ですか。あなたの家族以外で憧れている人を３人挙げてください。実際に存在する人，会ったことのない人，空想上の英雄や主人公など，どのような人でもかまいません。また，その理由を述べてください。

憧れている人・尊敬する人：＿＿＿＿＿＿＿＿＿＿＿＿＿＿＿＿
その理由：
＿＿＿＿＿＿＿＿＿＿＿＿＿＿＿＿＿＿＿＿＿＿＿＿＿＿＿＿＿＿＿＿＿＿＿

憧れている人・尊敬する人：＿＿＿＿＿＿＿＿＿＿＿＿＿＿＿＿
その理由：
＿＿＿＿＿＿＿＿＿＿＿＿＿＿＿＿＿＿＿＿＿＿＿＿＿＿＿＿＿＿＿＿＿＿＿

憧れている人・尊敬する人：＿＿＿＿＿＿＿＿＿＿＿＿＿＿＿＿
その理由：
＿＿＿＿＿＿＿＿＿＿＿＿＿＿＿＿＿＿＿＿＿＿＿＿＿＿＿＿＿＿＿＿＿＿＿

問 2. あなたが好きな雑誌やテレビ番組などを 3 つ書いてください。また，その理由を述べてください。

好きな雑誌やテレビ番組など：＿＿＿＿＿＿＿＿＿＿＿＿＿＿＿＿
その理由：
＿＿＿＿＿＿＿＿＿＿＿＿＿＿＿＿＿＿＿＿＿＿＿＿＿＿＿＿＿＿＿＿＿＿＿

好きな雑誌やテレビ番組など：＿＿＿＿＿＿＿＿＿＿＿＿＿＿＿＿
その理由：
＿＿＿＿＿＿＿＿＿＿＿＿＿＿＿＿＿＿＿＿＿＿＿＿＿＿＿＿＿＿＿＿＿＿＿

好きな雑誌やテレビ番組など：＿＿＿＿＿＿＿＿＿＿＿＿＿＿＿＿
その理由：
＿＿＿＿＿＿＿＿＿＿＿＿＿＿＿＿＿＿＿＿＿＿＿＿＿＿＿＿＿＿＿＿＿＿＿

問 3. あなたが好きな小説や映画などのストーリーについて述べてください。また，その理由を述べてください。

主な登場人物：＿＿＿＿＿＿＿＿＿＿＿＿＿＿

内容やあらすじ：

＿＿＿＿＿＿＿＿＿＿＿＿＿＿＿＿＿＿＿＿＿＿＿＿＿＿＿＿＿＿

その理由：

＿＿＿＿＿＿＿＿＿＿＿＿＿＿＿＿＿＿＿＿＿＿＿＿＿＿＿＿＿＿

問 4. あなたの好きな名言，格言，ことわざ，モットーは何ですか。創作でもかまいません。思いつくものを書き出してください。また，その理由を述べてください。

好きな名言，格言，ことわざ，モットーなど：

＿＿＿＿＿＿＿＿＿＿＿＿＿＿＿＿＿＿＿＿＿＿＿＿＿＿＿＿＿＿

その理由：

＿＿＿＿＿＿＿＿＿＿＿＿＿＿＿＿＿＿＿＿＿＿＿＿＿＿＿＿＿＿

「あなたの価値観」を書き出せたら，2～4 人のグループになり，順番に語り手役と聴き手役を担います。語り手役は自分の価値観を他者に語ることで，それらをより明確にできます。聴き手役は，自分以外の他者の価値観を知り，さらに自分を深く知ることができます。

語り手役は 1 人ずつ，記述した「あなたの価値観」を語っていきます。そのときに，語り手は，ありのままの自分を聴き手役に伝えることを意識して語ってください。また，聴き手役は，語り手役の発言を肯定的に受け止めることを意識して聞いてください。聴き手役は語り手役の言葉に耳を傾け，語り手役が使用した言葉や語句のうち重要だと思われるものについての振り返りや，価値観に対して評価できる点について記述をします。さらに，「語り手役の価値観」を参考にして，語り手役ごとにメモをしておきます。

「語り手役（＿＿＿＿＿＿＿＿＿＿さん）の価値観」

問 1. 相手の憧れている人・尊敬する人についての説明を確かめてください。

重要だと思われる言葉や語句：

＿＿＿＿＿＿＿＿＿＿＿＿＿＿＿＿＿＿＿＿＿＿＿＿＿＿＿＿＿＿

価値観に対して評価できる点：

＿＿＿＿＿＿＿＿＿＿＿＿＿＿＿＿＿＿＿＿＿＿＿＿＿＿＿＿＿＿

問 2. 相手が選んだ好きな雑誌やテレビ番組などについての説明を確かめてください。

重要だと思われる言葉や語句：

＿＿＿＿＿＿＿＿＿＿＿＿＿＿＿＿＿＿＿＿＿＿＿＿＿＿＿＿＿＿

価値観に対して評価できる点：

＿＿＿＿＿＿＿＿＿＿＿＿＿＿＿＿＿＿＿＿＿＿＿＿＿＿＿＿＿＿

問 3. 相手が選んだ好きな小説や映画などのストーリーについての説明を確かめてください。

重要だと思われる言葉や語句：

＿＿＿＿＿＿＿＿＿＿＿＿＿＿＿＿＿＿＿＿＿＿＿＿＿＿＿＿＿＿

価値観に対して評価できる点：

＿＿＿＿＿＿＿＿＿＿＿＿＿＿＿＿＿＿＿＿＿＿＿＿＿＿＿＿＿＿

問 4. 相手が選んだ好きな名言，格言，ことわざ，モットーなどについての説明を確かめてください。

重要だと思われる言葉や語句：

---

価値観に対して評価できる点：

---

グループのすべての人が「あなたの価値観」を語り終えたら，語り手ごとに記述したメモを渡し合います。そのときに，簡単でよいので，よかった点や語り手の努力をねぎらうようなコメントを伝えましょう。

最後に，記述内容から自分自身を振り返ってみます。以下の問いを参考にしてください。

問 1. あなたも他者も知っている部分はありましたか。

問 2. あなたは知っておらず，他者が知っている部分はありましたか。

問 3. 問 1～2 から，他者はあなたをどんな人間であると思っているでしょうか。

問 4. このテストを行う前と後では，あなた自身に対する理解は変化しましたか。またどのように変化したでしょうか。

## 4 振り返りのポイント

・自分のことを見つめ，自分を理解することから「自分らしい生き方」を探してみる。

・自分自身の視点と他者の視点など，さまざまな角度から，自分を見つめてみる。

・希望する「自分らしい生き方」を見える化し，まとめることで，これからのキャリアを具体的にイメージする。

## 5　エクササイズ

記入済みの「あなたの価値観」と「語り手役の価値観」をもとにして，あなたの価値観をまとめていきます。これまで出てきた問いは，以下のように解釈することができます。

憧れている人・尊敬する人は，自分が望む「役割モデル」を示しています。たとえば，「私は……のような人になりたい」と思う気持ちが表れています。

好きな雑誌やテレビ番組などは，自分が望む「活躍の場」を示しています。たとえば，「私は……を活躍の場としたい」と思う気持ちが表れています。

好きな小説や映画などのストーリーは，自分が望む「人生のストーリー」を示しています。たとえば，「私の人生のストーリーの筋書きは……でありたい」と思う気持ちが表れています。

好きな名言，格言，ことわざ，モットーは，自分に贈る「自分へのアドバイス」を示しています。たとえば，「これからの自分に贈る最高のアドバイスは……である」と思う気持ちが表れています。

自分が希望する「自分らしい生き方」を見える化し，まとめることで，これからのキャリアを具体的にイメージすることにつながります。それでは，ここまでのグループワークを踏まえ，「あなたの価値観のまとめ」を書き出してみましょう。

| あなたの価値観のまとめ | |
|---|---|
| 役割モデル | |
| 活躍の場 | |
| 人生のストーリー | |
| 自分へのアドバイス | |

「あなたの価値観のまとめ」を通じ，「自分らしい生き方」が見えてきたでしょうか。今の段階で，「自分らしさ」がよくわからないと不安になる人もいるかもしれませんが，それでよいのです。「自分らしい生き方」を確立することは簡単なことではありません。今回紹介した内容にとどまらず，家族や友人，大学のキャリアセンターなどの協力も得て，他者の視点からさまざまな「自分らしさ」を探ることも有効かもしれません。特にキャリアセンターには，「自分らしさ」を知るためのヒントが豊富にありますから，気軽に相談に行くことをおすすめします。在学中にさまざまなことにチャレンジし，その経験と振り返りを通じて，「自分らしい生き方」をイメージしていきましょう。

## 6　おすすめの本＆読むポイント

■ミヒャエル・エンデ『モモ』（大島かおり訳，岩波書店，2005年）

「何者でもない」モモがみんなの時間を救う話です。人間が人間らしく生きることを可能にする時間との付き合い方について考えさせられる本です。

■ヘレナ・ノーバーグ＝ホッジ『懐かしい未来――ラダックから学ぶ』（「懐かしい未来」翻訳委員会訳，懐かしい未来の本，2018年）

ヒマラヤの辺境ラダックにおける，つつましくも豊かな暮らし，近代化の波，そして未来を創り出そうとする人々の記録です。幸せの意味について気づかされます。

■バックミンスター・フラー『宇宙船地球号操縦マニュアル』（芹沢高志訳，ちくま学芸文庫，2000年）

地球を宇宙を飛ぶ宇宙船になぞらえ，環境，エネルギー，進化論，学びなどのあるべき姿が述べられています。21世紀を生きる私たちへのヒントとなるでしょう。

## 引用・参照文献


Kuhn, M.H. & T.S. McPartland, 1954, "An Empirical Investigation of Self Attitude," *American Sociological Review*, 19（1）: 68–76.

Luft, J. & Ingham, H., 1961, "The Johari Windows: A Graphic of Awareness in Human Interpersonal Relations," *Human Relations Training*, 5（1）: 6–7.

諸富祥彦編，2011，『人生にいかすカウンセリング――自分を見つめる／人とつながる』有斐閣。

佐野洋子，1977，『100万回生きたねこ』講談社。

サビカス，M.L. & P.J. ハートゥング，2018，『私のキャリア・ストーリー――ライフ・キャリアを成功に導く自伝ワークブック』（日本キャリア開発研究センター監修／水野修次郎監訳）遠見書房。

# 第3節

# キャリアをプランニングする

## *1* テーマのねらい

私たちは，日々，多くの選択をしながら“いま”を生きています。この“いま”は，次の瞬間には過去となり，その積み重ねは未来へとつながっています。だからこそ，キャリアをデザインするためには，現在の自分だけではなく，過去の自分を見つめ直すことを通して，未来の自分をイメージしていくことが必要です。ここでは，その一連の作業をキャリア・プランニングと言います。この節では，自分らしくキャリアをプランニングするとはどのようなことかを理解することが目標です。

## 2 学習のためのヒント

・キャリアをプランニングすることにはどのような意味があるのでしょうか？
・どのようにキャリアをプランニングするのでしょうか？
・キャリアをプランニングしたあとは何をすればよいのでしょうか？

## 3 なぜ，キャリアのプランニングが必要なのか

日本では「就社」といって，「はたらく」ということよりも「会社に入る」という意識が強くもたれた時代がありました。そのため，一度，会社に入社すると，定年を迎えるまで働き続ける終身雇用を前提としたキャリア形成があたりまえとなっていました。このような背景から，現在でも採用の現場では，何度も転職をしていることは，「長続きしない人」といったイメージをもたれ，あまり評価をされていません。

たとえば，大学教員の場合，期間が定められたポストが多くなっています。そうなると，何度も転職活動をしなければならないのですが，そうであっても，面接の際に「なぜ，何度も転職をしているのですか？」と聞かれたことがあります。大学教員のように職務に必要な専門性をもつ人を公募する「ジョブ型」の採用でさえも質問されることがあるのですから，会社員のような「メンバーシップ型」の採用の場合はなおさらです（ジョブ型とメンバーシップ型については第8章1節を参照）。

そうであれば，入社したらずっと辞めずに働き続けられるような会社に最初から就職したいと思いますよね。しかし，残念なことに，日本企業の多くは，終身雇用制度を維持するには限界があると考えるようになってきています。これは，景気や経営が不安定になったら社員の数を調整すればいいといった狭い意味ではありません。それよりも，IoT（モノのインターネット化）やAI（人工知能）などの技術革新，人々の価値観や消費行動，社会構造の変化に対応していくには，自社で社員を育てるだけでは太刀打ちできなくなっているためです。つまり，会社の研修やOJT（オン・ザ・ジョブ・トレーニング：実務をしながら知識やスキルを身につけること）だけで満足するのではなく，会社以外で身につけた専門性や経験をもつ人材が求められるようになっています。

世界に目を向けると，1つの会社に長く在籍したことが評価される国は珍しく，むしろ，自分を高く評価してくれる会社であれば，国をまたいででも転職して，自らキャリアを切り拓いていくことがあたりまえといった文化さえあり

ます。これからは日本も1つの会社に留まらずに，自らの専門性やスキルを生かし，さらにそのスキルを高めるために，転職したり，複数の職場で働いたりすることがあたりまえになるかもしれません。それは，日本の企業でも，「1つの会社で定年まで働きたい」という意味合いが，「会社への忠誠心がある人」から「会社にぶら下がろうとする人」へと認識が変化しつつあることが影響しています。

とはいえ，会社も，決して1人の人間に多くの知識やスキルがあることを期待しているわけではありません。これまでは，社員の1人ひとりが，会社の企業理念や社風を体得したうえで，職務に応じて知識・スキルを発揮することによって，技術力や品質を高めてきたという歴史があります。しかし一方で，同じような考え方や経験をもつ社員が多くを占めるようになると，新しい発想や大きな変化が起きにくくなります。そのため，男性社員だけの現場に女性社員を加えることで職場環境の改善を試みたり，外国人社員のアイディアを登用して新商品を生みだしたりなど，社員それぞれが異なった経験や専門性をもっていることが目指されるようになっています。

このように，これからの時代は，会社に就職してしまえば，あとはお任せというわけにはいきません。むしろ，同じ会社で定年を迎えるまで働き続けるためには，自己研鑽に励み，新しい仕事にチャレンジし続けなくてはならなくなるでしょう。だからこそ，会社に就職をしたときを新たなスタートとしてとらえ，そこから生涯にわたって自らのキャリアをプランニングし続ける必要があるのです。

### ■キャリアをプランニングするためのウォーミングアップ

キャリアをプランニングすることの大切さを理解したところで，さっそくプランニングのシミュレーションをしてみましょう。みなさんは，今，この瞬間にも，何らかの経験を積んでいます。そこで，手始めに，最近の1カ月間で，どのような経験をしたのかを思いつく限り，最低でも20個，書き出してください。

問. 最近の1カ月間で経験したこと（20個以上）

1. 授業を受けた

メモ：

2. 部活に参加した

メモ：

3. アルバイトの面接を受けた

メモ：

……

20. 自炊をした

メモ：

次に，書き出した経験のなかで，印象に残っている具体的なエピソードがあるものに印をつけて，どのようなエピソードだったかをメモしてください。また，そのエピソードをどのように感じたのかをあわせてメモしてください。たとえば，自炊の場合，「初めて弁当作りに挑戦したが，残り物を利用することに苦労した」「意外と工夫できることがおもしろくて，はまった」など簡単な内容で大丈夫です。

ここからが本番です。今，書き出された経験は，すでに「過去」のものです。過去に経験した事実が，キャリアとしてどのような意味をもつかは，「現在」のみなさんが判断することになります。そして，現在のキャリア，すなわち，「今，どのようなキャリアの状態にあるか」を見定めるための指標は，「未来」の自分が手がかりになります。

図4-3を見ながら，もう少し具体的に考えていきましょう。みなさんは，将来の自分のためにプランニングをしますので，キャリア・プランニングの目的は，「未来の自分のキャリアを予測する」ということになります。しかし，現在の自分がわかっていても，未来の自分がどうありたいかが具体化されていなければ，どこを目指してキャリアを紡いでいけばよいかが見えません。つまり，

図4-3　キャリア・プランニングの考え方

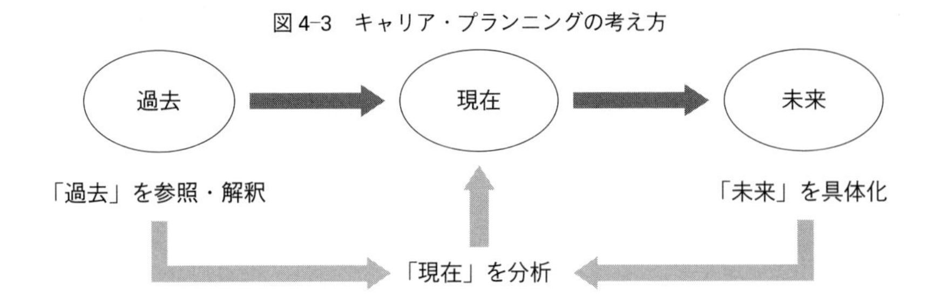


現在から未来に向かって，どのように進んでいくのかをプランニングするには，「未来の理想の自分を描く」ことから始める必要があると言えます。

さて，未来の自分を描けたとして，現在の自分にどのような可能性があるのか，または，どの経験が未来につながるかは，今の自分をわかっていなければなりません。その際に大切な素材となるものが過去の経験です。すなわち，過去の経験は，現在の自分を根拠づける重要なリソースとなります。

ここで，みなさんが書いた最近1カ月間の経験を思い出してください。書き出された経験は，過去の自分です。しかし，これらの経験をしたからこそ，いまの自分がいます。それでは，過去から現在につながる経験のうちどの経験が，未来の自分と結びつきそうですか？ もしかすると，ほとんどの経験が未来の自分とはあまり関係ないように思えてくるのではないでしょうか。そうなのです。キャリアをプランニングすることは簡単なことではありません。そこで，次に，キャリアをプランニングするための方法について学びながら，さらに深く自分のキャリアと向き合っていくことにします。

### ■キャリアをプランニングするための4ステップ

キャリアをプランニングするための方法はいくつかありますが，ここではイギリスのキャリア教育で採用されていたDOTS（ドッツ）モデル（Watts, 2006）を参考にします。DOTSモデルでは，キャリアを考えるヒントとして，決定（Decision），機会（Opportunity），移行（Transition），自己認識（Self-awareness），の4つの要素を挙げています。ここでは，①自己認識，②機会，③決定，④移行のステップで，「現在」「過去」「未来」を踏まえながら，自分がもっている可能性を多角的に見ていきます。

①ステップ1：自己認識

自己認識とは，「自分のことを知る」ということです。すでに，みなさんはこの章の2節の「自分のことを見つめる」で学びましたね。自分は何者なのか，自分はどのような価値観をもっているのかなど，自分の特性や志向性を知ることがキャリア・プランニングのはじめの一歩です。

この章の2節では，「現在」を中心にたくさんのワークをしました。先ほど書き出した「最近の1カ月間で経験したこと（過去）」と2節で書き出した「あなたの価値観（現在）」を比べてみてください。関係しそうな部分はありますか？ もし，関係していれば，現在の価値観は，比較的近い過去の経験が影響しているということになります。まったく関係していない場合は，「あなたの価値観」が，どのような昔の経験と関係しているのかを考えてみましょう。

現在の価値観と過去の経験が結びついたら，さらに，現在の価値観がどのような未来の自分につながるのかを想像してみましょう。

②ステップ2：機会

好きなことややりたいことなど，少しだけ自分のことが見えてきましたか？次に，それを実現するためにどのような機会があるのか，そして，どうすればそれがチャンスだと気づくことができるのかを考えていきます。

この章の1節では，「計画された偶発性」について学びました。同じように「セレンディピティ」といって，予期していなかった幸運に気づくという意味の言葉があります。計画された偶発性は，偶然の出来事を計画的に未来につなげていこうとする考え方ですが，その出来事が自分にとってラッキーなことだと判断できる力がセレンディピティです。「チャンスの神様は前髪しかない」といったことわざがありますが，好機を瞬時にとらえることが未来におとずれる成功のポイントだとも言えます。とはいえ，誰でもすぐに幸運に気づくことができて，それを成功につなげられるわけではありません。

そこで，日頃から意識しておくためのマインドセットを整える練習が必要になってきます。再び，最近1カ月間の経験のなかから，ラッキーだったエピソードを思い出してください。さて，それをラッキーだと考えた理由があるはずです。なぜラッキーだと思えたのか，ラッキーな状況になった要因はなんだったのかについて，丁寧に書き出します。最後に，今後，同じような幸運が起きる可能性を想像します。

このように，現在の“幸運”を未来につなげるイメージを繰り返し描くことで，次に同じような状況がおとずれたときに，それが好機だと判断する感度があがっていくのです。

③ステップ３：決定

自分のことがわかり，自分が思い描く機会のおとずれに気づいたとき，その次に，どのような選択をするかを決めなければいけません。ステップ２で，チャンスを未来につなげるイメージは描けました。しかし，その輝かしい未来に向かって歩んでいくためには，１つひとつの意思決定の積み重ねが必要になってきます。

まず，瞬間的に幸運をつかむための行動が１つ目の選択となります。たとえば，将来は地元でまちづくりに関わる仕事がしたいと考え，まちづくりに関することは積極的に参加しようと思っていたとします。あるとき，英語の授業で交換留学の紹介がありました。英語が苦手で留学にはまったく興味がありませんでしたが，留学先はスマートシティ（IoTや環境技術を取り入れた都市）で話題になった場所です。さて，みなさんだったら，次にどのような選択をしますか？

留学には興味がないとやり過ごす，とりあえず内容を調べる，友達に何か知っているか聞いてみるなど，いくつかの選択があります。せっかく，幸運の感度を高めてまちづくりで有名な場所だと気づくことができても，「やり過ごす」という選択によって，留学先で最先端のまちづくりの見学ツアーに参加したり，同じ夢をもつ仲間と出会ったりといった絶好のチャンスを逃すことになるかもしれません。

もちろん，やり過ごしたからこそ，次のまったく異なったチャンスが舞い込むことはありえますし，選択したことが思い通りにいかないこともあるでしょう。けれども，失敗だと思ったときは，そこから何か新しい経験が得られるはずだと柔軟に考えていくことで，次のハプニングへの対処に備えることができます。むしろ，やり過ごしの癖がついてしまうと，自分では何も決定できなくなる可能性があります。大学生活のさまざまな場面で選択をした成功や失敗の経験を，社会人になったのちのキャリアに役立てていきたいですね。

④ステップ 4：移行

さて，いよいよ最後のステップです。みなさんは，ステップ3である選択をすることによって，今まで経験をしたことがない“初めて”に飛び込むことになります。おそらく，今までの考え方や価値観を大きく揺るがす出来事に遭遇します。当然，自分に生じた変化に対してストレスを抱えます。このような状態が移行と呼ばれる段階です。ですから，移行のときには，さまざまなストレスをどのようにマネジメントすればよいかを考えることがポイントになります。

この章の1節のトランジションで学んだように，移行の際には，過去の自分に節目をつけていくことが大切です。まず，選択によって，何が「終わり」，何が「始まる」のかをしっかりと把握することから始めます。そして，始めることの何が自分にとって意味のあることなのか，始めるために必要なものは何かを思いつく限り挙げていきます。そのなかから，ストレスや負担が少なく進められると思われるものを確認します。このようにして，新しいステージをポジティブに乗り越える術（すべ）を身につけていくのです。

ここまで，キャリアをプランニングすることについて学んできました。みなさんのキャリアは何通りにも未来に広がっています。今回のたった1回のプランで満足するのではなく，進学や就職などの節目に合わせて，何度でもプランを練り直し，ポートフォリオ（portfolio：自分自身の特性や経験，能力・スキルがわかる作品集）にしておくことをおすすめします。大学生としてたくさんの経験を積み，バラエティに富んだキャリアプランをつくってみましょう。

## 4　振り返りのポイント

・キャリアを計画するときは，「過去」「現在」「未来」のつながりを意識する。
・「自己認識」「機会」「決定」「移行」を丁寧にたな卸しすることで，未来のキャリアが見えてくる。
・未来のキャリアを考えるときには「ポートフォリオ」が役に立つ。

## 5　エクササイズ

### ●“わたし”のポートフォリオをつくる

ポートフォリオをつくる目的は，知識・スキル，活動などの経験の記録を振り返り，自己評価をすることで，自分らしいキャリア形成について考えることです。“わたし”だけのポートフォリオをつくるために，さっそく次の①〜③をファイルに綴じていきましょう。また，自分の感じたことや自己評価は，付箋などにメモをして貼り付けておきましょう。

①キャリアや就職に関するもの：このテキストで作成したワークシート，資格や試験の結果，インターンシップの記録，履歴書など
②大学の活動：レポートや試験用紙，発表資料，受賞の記録など
③大学以外の活動：部活・サークルやボランティア活動，留学などの様子を記録した動画や写真，資料など

## 6　おすすめの本＆読むポイント

■村山昇『働き方の哲学――360 度の視点で仕事を考える』（ディスカヴァー・トゥエンティワン，2018 年）

働くことのとらえ方について幅広いトピックスから学ぶことができる本です。選択力やセレンディピティについても取り上げられています。

■外山滋比古『思考の整理学』（ちくま文庫，1986 年）

自分のことを，自分で考えたいのに，何から始めればよいかわからないと困っている方におすすめの本です。うなずきながら読み進めるうちに，少しだけ未来が見えてくるかも？ この本でもセレンディピティの事例が紹介されています。

### 引用・参照文献

Watts, A. G., 2006, *Career Development Learning and Employability*, The Higher Education Academy.

## Column 2　キャリア相談

「キャリア相談」という言葉を聞いたことがありますか？

ここでは大学生が利用できる身近な学内の就職相談をイメージしながら読みましょう。

■大学のキャリア相談

大学には就職支援の部に付随したサービスとして，キャリア相談が設置されています。ここでは，文字通りキャリアに関するいろいろな相談をすることができます。

ただ現実は，キャリアの領域に含まれる「就職活動」に関する相談が大半を占めています。たとえばエントリーシートの添削や面接の練習といったものです。今「現実は」としましたが，本来はキャリアの相談であれば，エントリーシートや面接についてでなくても，それは充分相談の範囲です。つまり，就職活動が本格化するもっと前から利用することができます。

それでは，就職活動の前に，また就職活動以外に，どのような相談ができるのかをみていきましょう。

■就職活動以外のキャリア相談

就職活動本番より前のキャリア相談で最初にイメージしやすいものは，インターンシップでしょう（インターンシップについては**Column3，4**を参照）。インターンシップに参加したいと考えていても，どこの企業に，どのくらいの期間で，どのように参加したいのか，具体的に定まっている人ばかりではありません。そんなときに他者の意見を参考にしてみるために相談を利用することができます。また，大学院進学も大学生が身近に考える進路のひとつです。一部の人にとって大学院進学は大学入学前からの当然の進路かもしれません。ただ，そのような人も含めて，大学院進学という進路選択が自身の未来にどのような影響をもつのか考えてみるのはとても大切です。他にも公務員を志望する学生が情報収集したり，相談したりすることもできます。

これらのような「自分の進路を考えるとき」に，他者の視点や意見を絡めてみることは，自分の将来を考える行為や内容を，立体的・多面的にしてくれます。

■なぜ相談が必要？

ところで「相談する」という行為は，何か困ったとき早くラクに解決するための手立てととらえている人が多いのではないでしょうか。また「相談する」を，誰かに頼る行為，自分だけで解決できない証，ととらえている人もいるかもしれませんね。それでは「相談する」行為はどのようにとらえることができるかみていきましょう。

①自分の思いや感覚を言語化する練習

「相談する」行為が成立するためには，相手に言葉を用いて伝える必要があります。卒業後みなさんが踏み出す社会は，今のみなさんの日常より多種多様な人々で構成されています。そのような人々とのやりとり（コミュニケーションとも言えます）は，言葉を介して行うしかありません。自分のなかの‘なんとなく’や‘こんな感じ’を都度言語化して齟齬のないよう相手に伝えていくことが，今よりもっともっと求められます。そのためにも「相談する」行為の積み重ねによって，自分の思いや感覚を言葉に変換する作業に慣れていきましょう。相手に伝えるために発した自分の言葉は，自分の耳で聞いて確認することにもなりますから「あぁ自分はこんなふうに思っていたんだ」と気づくこともできます。これから先の多種多様な人々とのスムーズなやりとりの予行演習として，話す＝言語化する能力を「相談する」ことで養っていきましょう。

②自分の思考を揉む経験

相談する行為を通して，他者の視点や考えが入ってきます。それによって，それまでの自分（だけ）の気持ちや考えの変動を経験します。他者の介入によって起こる反応で，あなたが何かヒントを得たり，新たなことを思いついたり，考えが変わったりと，他者の視点や考えをいったん招き入れてみるのです。人が自分１人だけで考えることには限界があります。打開策として有効なことの最たる例が「相談する」行為です。これは決して相手の言う通りにすることではありません。他者を相手にすることで自分の思考になんらかの変化を起こすこと，そしてその連続は，自分の思考を揉んでいきます。「相談する」＝思考を揉むことで思考は鍛えられていくのです。

「相談する」行為を通して，結果的に，これら２つのことも得られます。相談慣れしていくことで次のステップにつなげられます。他者との対話を用いて，自分自身の言葉，思考，コミュニケーションを磨く行為と受け止めましょう。

大学のキャリア相談は各人でさまざまな利用の仕方が可能です。自分自身で進路の道幅を拡げるためにも，大学のキャリア相談をぜひ活用してください。

# 第5章

# 社会との関係をとらえる

私たちは，社会との関わりをもちながら生活しています。その関わりは，私たちがあたりまえだと思っていることに影響し，その関わりがあるからこそ，突然，思ってもいなかったことに遭遇することもあります。この章を通して，さまざまな関わりをもちながら生きていくなかで，自分がどのような存在なのかをとらえるためのきっかけを見つけましょう。

# 第１節

# シチズンシップとキャリア

## *1* テーマのねらい

人はすべて等しく１人の個人として尊重され，その権利が保障されなければなりません。社会にはそういったさまざまな人が集まっています。私たちは社会の一員／市民としてお互いの個性，権利を尊重し合わなければなりません。もしそれが社会に実現していないときには，社会の一員の責任として，自らの意思で実現を目指す行動を始めるべきです。このような市民としての（あるべき）地位，立場をシチズンシップと呼びます。ここでは，みなさんがこの社会のなかでキャリアを進めていくにあたって，社会に根ざす問題を自らの頭で考え，これを解決するための方策を能動的に提案，行動していくための考え方を身につけることが目標です。

## 2 学習のためのヒント

・今，社会では人がすべて等しく１人の個人として尊重され，その権利が保障されていると思いますか？
・社会の一員として，権利が保障されていない人たちの存在や問題について，市民としてやるべきことは何でしょうか？
・市民としてやるべきことについて考えたことを，社会に伝えるためにはどうしたらよいでしょうか？

## 3 社会にはさまざまな人がいて，皆が尊重されなければならない

私たちが住んでいる社会にはさまざまな人がいます，と言われたら，どのような社会を想像しますか。

さまざまな人，それは，日本人，中国人，アメリカ人など国籍がさまざま，あるいはアジア人，ヨーロッパ人という出身エリア，日本国内でも北海道出身，東京出身など出身地域がさまざま，性別・性自認がさまざま，明るい人，暗い人など個性がさまざまなど，いろいろな意味に使われます。あるいは大学では1年生，2年生など学年がさまざまというようにも言われます。

この節で強調したいのは，私たちが住んでいる社会にはさまざまな“個人”がいるということです。つまり，たとえば同じ日本人でも，個人に目を向けると1人ひとり違うわけで，属性にかかわらず個人は個人として存在しているということです。そして，くりかえしますが人はすべて等しく1人の個人として尊重され，その権利が保障されなければなりません。それは先ほど言った属性にかかわらず，です。

このことは，日本国憲法第13条，第14条でも述べられています。

> 憲法第13条　すべて国民は，個人として尊重される。生命，自由及び幸福追求に対する国民の権利については，公共の福祉に反しない限り，立法その他の国政の上で，最大の尊重を必要とする。
>
> 憲法第14条1項　すべて国民は，法の下に平等であって，人種，信条，性別，社会的身分又は門地により，政治的，経済的又は社会的関係において，差別されない。

そして，憲法の人権規定については，「外国人にも，権利の性質上適用可能な人権規定は，すべて及ぶと考えるのが妥当」とされています（芦部，2019：92頁）。

### ■ジェンダーとシチズンシップ

人はその属性にかかわらず個人として尊重されなければならないわけですが，

まだまだ格差が存在するのが現実です。国が毎年発行している『男女共同参画白書』によりますと，医師，国会議員，弁護士など一部の職業の領域で女性の割合が極めて低いというのが日本の現状です。女性という属性にかかわらず，個人として尊重されている社会であれば，ここまで明確な男女差が出てくるでしょうか。

女性は意思決定に関わる責任ある仕事は無理だという先入観や，女性は体力的にも精神的にもきつい仕事は無理だという先入観，女性は仕事をバリバリするよりも家庭を守ってほしいという慣習的心理が社会にまだ根付いているという現実があります。ある女性が個人として何かをしようとしても，このような女性に対する先入観から実行が阻害されてしまうのです。このような性差についての概念をジェンダー，固定的な性別役割分担意識を「ジェンダーバイアス（個人を尊重しない性による存在の方向性の決めつけ，偏見）」と呼びます。

私たちは，社会の一員として，性差にかかわらずすべての個人が尊重される社会にするため，このようなジェンダーバイアスをなくさなければなりません。そのためには，私たちは，社会的事象や，人の行動のなかに潜んでいるジェンダーバイアスの存在を見抜いて，これを取り除いていく努力をしなければなりません。

なお，日本の男女共同参画を推進していくために，「男女共同参画社会基本法」（1999年施行）や，「女性の職業生活における活躍の推進に関する法律」（2015年施行）というものがあります。これらの法律が威力を発揮する日が待たれるところです。

また，家庭内での配偶者間暴力は深刻なジェンダー問題となっています。配偶者間暴力は，ドメスティックバイオレンス（DV）と呼ばれます。配偶者間暴力は極めて深刻な人権侵害ですが，その大きな原因の1つはやはり女性に対する優越的な（無）意識があると考えることができます。

ジェンダーに関して最も深刻な問題の1つがセクシュアルハラスメントの問題ですが，これについては第6章2節の「法とキャリア」の部分で述べることとします。

**WORK**

あなたの小学校の名簿は男女別でしたか，50音順でしたか？

男女を分けずに氏名を並べている名簿は，一般に混合名簿と呼ばれます。そして，男女別の名簿ではなく，混合名簿を採用すべきだという意見がありますが，それはどうしてだと思いますか？ また，あなたはどちらがよいと思いますか？ それを考えたうえで，今住んでいる都道府県の小学校の名簿がどうなっているか調べてみましょう。

### ■外国人とシチズンシップ

日本に定住する外国人の姿を見ない地域は今ではないと思います。このため，外国人との共存の必要性，重要性はより増しています。

しかし，残念ながら，日本で暮らす外国人は，外国人であるがゆえにアパートの入居を断られたり，職場で差別的な取り扱いを受けたりすることが多いというのが現実です。また，同じ仕事をしているのに，賃金などの労働条件が日本人より悪いという外国人もいます。さらには，日本語ができないということで嫌がらせを受ける外国人もいます。

こういった差別は，ただ顔や髪，外観が違うとか，言葉が通じないといったことが原因となっていることも多く，個人としての尊重，権利の保障がなされていない状況と言えます。

「郷に入っては郷に従え」ということわざが昔からあり，確かに，ある地域で共存生活を行うためには，地域の人が気持ちよく共存するための一定のルールが必要で，既存のルールを一定程度尊重すべきなのは当然ですが，その人の人格形成や人格的生存に不可欠な習慣や宗教まで無視してしまうことは人権侵害にもつながりかねません。お互いに文化を尊重し，宗教，習慣が違う外国人とも共存できるルールづくりを目指すべきです。

みなさんはヘイトスピーチという言葉を知っていますか。

ヘイトスピーチとは，日本ではない国や地域出身の人たちに対して，差別意識を助長，誘発する目的で，生命や身体などに危害を加えるような発言や，侮辱的，差別的発言などをすることです（後述「ヘイトスピーチ解消法」参照）。インターネットやSNSを通じてそのような発言をして，広めたり，その子どもたちが通っている学校の周辺でデモなどを行ったりすることが社会問題となっています。その国の人の尊厳を踏みにじる行為であり，許されてはならない行為です。

ヘイトスピーチをなくすため，「本邦外出身者に対する不当な差別的言動の解消に向けた取組の推進に関する法律（ヘイトスピーチ解消法）」が2016年に公布・施行され，条例を策定した地方自治体もあります。

**WORK**

あなたが住む地域に，ある一定の食品を禁じている宗教を信仰する外国の家族が引っ越してきました。地域のお祭りで出す屋台の毎年のメニューにはその禁じられた食品が入っています。そのメニューは毎年とても人気があるものですが，その家族は食べることができません。あなたならどのように屋台のメニューを考えますか。

■性的マイノリティとシチズンシップ

社会のなかには，たとえば身体は男性であり戸籍上は男であっても，自分が認識している性は女性であったり，その逆であったりする人がいます。また，女性であっても恋愛対象が女性であったり，その逆であったりする人もいます。さらに，自分の性の認識が男性あるいは女性であるかはっきりしない人もいます。

性的マイノリティの人々の存在が認められ，偏見や差別などの問題性が社会的にも認識されるようになってきており，LGBTあるいはLGBTQ，SOGI（ソジあるいはソギ）という言葉を比較的頻繁に耳にするようになりました。Lはレズビアン（女性を恋愛対象とする女性），Gはゲイ（男性を恋愛対象とする男性），Bはバイセクシュアル（男性と女性の両方を恋愛対象とする男女），Tはトランスジェンダー（自認する性と，身体的生物学的性が一致しない人），Qはクエスチョニング（わからない，あるいはクィア＝後述 **WORK** 参照）を意味し，SOGI は Sexual Orientation and Gender Identity（性的指向と性自認）を意味します。

そして，残念ながら，社会には，性的マイノリティの人たちに対する偏見があります。侮蔑的表現がなされる場面があり，性的マイノリティの人たちを傷つけています。

職場においても，さまざまな場面で性的マイノリティの人たちが働きにくい環境になっており，侮蔑やいわれのない差別などを受けるハラスメント（SOGI ハラと言うことがあります）も生じているなど，まだまだ個人として尊重される社会とはなっていません。

また，たとえば，トランスジェンダーの人たちは，自認する性のトイレを使いたくても，職場でそれが許される状況になっていない場合があるなど，使用するトイレにも不便を感じることがあります。性別に関わりなく誰でも利用できるトイレを設置するなど，性的マイノリティであっても当然に個人として尊重される環境づくりが望まれます。

性的指向や性自認は，極めて高度な個人のプライバシーに関わる事実で，その人の人格的生存に関わることです。仮にその事実を告げられたとしても，本人の了解なく第三者に話すことは絶対にやめましょう。本人の了解なく性的指向や性自認について暴露することをアウティングと言います。アウティングにより若い性的マイノリティが傷つき，命を落とした悲しい事件も起きています。

**WORK**

LGBTQ の Q について，クィアという言葉の意味について調べてみましょう（歴史的経緯についても調べてみてください）。そのうえで，なぜこの言葉が使われるのか，理由，意義を考えましょう。

■ Think and Try as a Citizen!

これまでに述べたことはほんの一例です。ほかにも，本来個人として尊重されるべきであるのに，偏見や誤った認識によって前進がはばまれたり，傷つけられたりする人がいます。

そのような社会を変えるためにはどうしたらよいでしょうか。みなさんが，社会の一員／市民として，少しずつでもやるべきことを考え，声に出して提案，発信することです。ワークで挙げたことも問題の１つの例であり，ヒントです。

自分の意見を発信する場は，もちろん，大学で研究のテーマとして研究会などで発表するということもできますし，もっと身近に，大学の仲間同士で議論をすることも発信です。その議論によってさらに内容がブラッシュアップされるでしょう。

もう少し広い範囲への発信としては，たとえば，パブリックコメントを利用することが考えられます。パブリックコメントとは，国の政令，規則や地方自治体の新しい施策や条例の策定などにあたって，広く国民，住民に意見を募る制度です。このような機会をとらえて自分の意見を述べることができます。SNSも有効な手段ですが，発言が思わぬところにまで波及したり，あなたの意見に賛同しない人からの中傷やバッシングなどの可能性があったりしますので，利用の仕方には十分に気をつけましょう。

そして，自分の意見や提案を発信する前には，十分に情報を収集し，その影響を考えて，誰かと相談をすることが重要です。なぜなら，無知ゆえに法に違えたり，危険を冒したりすることは厳に避けなければならないからです。

### ■地域におけるシチズンシップのすすめ

また，シチズンシップには政治参加も含まれています。ですが，これは，すべての人に政治家になれ，ということを言っているのではありません。

社会を動かしている政治の内容を知り，このことに対して意識を向けるということが大切です。

特にみなさんに強調したいのは，もちろん国の政治も大切ですが，自分が住む地域，地方自治体の政治に目を向けることの重要性です。あたりまえだと思っていた身の周りの政治や行政の内容が実は改善すべきものであるということも少なくありません。すべての人が尊重される社会をまずは自分の地域からつくっていきませんか！ そういった少しずつの積み重ねが，社会全体を変えていくのです。それがシチズンシップのあるべき姿と考えます。

## 4 振り返りのポイント

・シチズンシップとは，社会の一員／市民としてのあるべき立場である。
・社会ではすべての人が個人として尊重されるべきであるが，個人としての尊重がなされず偏見に苦しむ人もいる。
・私たちは，自らのシチズンシップを実現するために，なすべきことを自ら考え，自分の意見を能動的に発信し，自分が住む地域から少しずつでも社会を変えていくことが望まれる。

## 5 エクササイズ

国や地方自治体が行っている施策に関して情報を得たいときには，情報公開制度を利用することが有効です。情報公開制度とは，国や地方自治体などの行政機関が保有する公（行政）文書の公開（開示）を請求することができる制度です。個人情報に関わるなどの一定の事由に該当する場合以外は原則公開することになっています。おすすめの本としてあげた『ズッコケ情報公開（秘）ファイル』は，おなじみの小学生ズッコケ三人組が市役所に情報公開請求をしに行くお話です。情報公開請求のことを楽しく知ることができます。ズッコケ三人にならって，自分が住む自治体の興味がある施策について，情報公開請求をしてみましょう。地方自治体によって，手数料や請求をすることができる人の要件に違いがあるので，そういったことも調べたうえでやってみてください。

## 6 おすすめの本＆読むポイント

■那須正幹『ズッコケ情報公開（秘）ファイル』（ポプラ社，2002年）

おなじみズッコケ三人組シリーズ。ズッコケ三人組が市役所に情報公開請求をしに行くお話です。地方政治と情報公開請求の関係についておもしろく知ることができます（ネタバレになりますので，これ以上は書けません。ぜひ手にとって読んでみてください）。

■石田仁『はじめて学ぶLGBT　基礎からトレンドまで』（ナツメ社，2019年）

文字通りはじめてLGBTのことを知りたい人におすすめ。イラストも多く読みやすい。基礎的なことから，法律上の問題，世界の潮流，調査研究の方法などがこの１冊に盛り込まれており，これからさらに深めて自ら調べようとする人の役に立つ本です。

■阿部恭子『息子が人を殺しました　加害者家族の真実』（幻冬舎新書，2017年）

社会における新しいマイノリティである加害者家族。自らが加害行為をしたわけでもないのに，社会や地域からバッシングされ，ときには職場や学校，住まいまで追われてしまう人たち。そういった人たちを支援する総合的な法制度は現在存在しませんが，それでよいのか，考えてみてください。

### 引用・参照文献

芦部信喜著／高橋和之補訂，2019，『憲法　第七版』岩波書店。

# 第2節

# 地域共生とキャリア

## 1 テーマのねらい

みなさんのなかには，大学卒業後のキャリアや働く場所を考える際に，「日本・地元のローカルか，もしくは世界・グローバルか……」と，ローカルとグローバルそれぞれを相容れない対峙するものとして分けて考える人もいるのではないでしょうか。ただし，ローカルという言葉で語られる日本の地域に目を向けると，グローバル化は加速度的に進んでおり，特に地方でのその傾向は顕著だと言えます。この節では，日本の地方で進むグローバル化の実態やその要因を考察しながら，ローカルとグローバルの二分法的思考からの脱却と，グローバル化によって今後ますます必要とされるであろう「他者」と共生するための考え方や方法について知ることを目標とします。

## 2 学習のためのヒント

・ローカルやグローバルという言葉を聞いたときにどのようなことを想像しますか？
・あなたが住む地域で生じているグローバル化とはどんなことですか？
・グローバル化が進む地域で他者と共生するために必要な能力とは何でしょうか？

## 3 ローカルとは何か

ローカルやグローバルといった言葉をテレビやインターネット上でよく耳にしますが，どういった意味でしょうか。小学館の『ランダムハウス英和大辞典』によると，ローカル（local）とは，「一定の空間を占める，特定の場所の（に限られた），地元の，局地的な，（国・州など全体から見て限られた）部分の，地方の，地方に属する」等の意味があるようです。大事なこととしては，「都会に対して『田舎の』の意ではない」との説明がなされていることでしょうか。つまり，ローカルという言葉は，東京や大阪などの都市圏や都会といった文脈に相対する意味合いを有してはいないということです。また，『大辞泉』によれば「その地方に限定される特有なこと。また，そのさま」や，「他の語と複合して用い，地方の，地方特有の，また，局地的・局所的な，の意を表す」とあります。地方の新聞を「ローカル紙」と呼んだり，また，幹線ではない鉄道を「ローカル線」と表現しますが，総じて特定の地域や場所に限られたものを指すようです。

グローバル化（globalization）についても調べてみましょう。『日本大百科全書（ニッポニカ）』によれば「ヒト，モノ，カネ，企業などの移動が盛んになり，地球規模での一体化が進むこと。地球上の各地点で相互連結性が強化され，遠方からの影響を受けやすくなるような，広範な社会的過程をさす。グローバライゼーション，グローバル化などともいう」とあります。つまり，グローバル化はある場所や地域にしばられることなく，ヒト・モノ等が移動して地球規模でつながりあっていく事象だと言えるでしょう。世界の国や地域に拠点をおいてビジネスを展開する企業をグローバル企業と呼んだりもしますよね。また，たとえば，2008年のアメリカに端を発する金融危機（リーマン・ショック）によって日本の大手企業も経営状況が悪化し，雇い止めや派遣切りが横行したのは，経済のグローバル化がもたらした1つの事例だと言えるかもしれません。以上を踏まえると，ローカルとグローバル（化）は決して相対するものではないことがわかりますよね。

このようにして世界で進展するグローバル化ですが，日本の，特に地方に住むみなさんのなかには，自分とは無関係だと思っている方も多いのではないでしょうか。

### ■ローカル／地方におけるグローバル化

みなさんは現在日本にどれだけの外国人が住んでいるかご存知ですか。2019年末の在留外国人数は293万3137人で過去最高となりました（出入国在留管理庁）。2019年4月には出入国管理及び難民認定法（入管法）が改正され，特定技能外国人の受け入れも開始されました。同年6月には「日本語教育の推進に関する法律」も施行され，国および地方自治体は日本語教育の推進に関する施策を総合的に策定し実施する責務を有すること等が定められました。また，日本政府は外国人材の適正・円滑な受け入れの促進ならびに外国人との共生社会の実現に向けた環境整備の推進を目指して「外国人材の受入れ・共生のための総合的対応策」にも取り組んでいます。つまり，現代の日本社会では，外国人労働者の増加とその受け入れに関する議論が，国を挙げて積極的に取り組まれているのです。

近年の外国人の増加ならびにその受け入れは，東京や神奈川，大阪等の都市圏や1990年代以降特に南米出身の外国人が増加した愛知県や静岡県，群馬県等の外国人が集住する地域に限ったことではありません。総務省が発表した「都道府県別の在留外国人数（2020年3月末）」によれば，対前年末増加率が高い上位10都道府県の多くは，大都市圏や上記地域ではない地方都市でした。たとえば，筆者が居住する鹿児島県の2019年末在留外国人の増加率は15.8%で，宮崎，沖縄に次いで全国で3番目でした。また，過去3年のデータを見ても常に上位5位以内に入っています（表5-1）。つまり，関西・関東首都圏よりも地方，特に九州地域や鹿児島県は日本国内でも外国人の受け入れが急速に進んでいる地域だと言えます。

### ■ローカル／地方でグローバル化が進む理由

では，どうして地方でグローバル化が進んでいるのでしょうか。ためしに近

表 5-1　在留外国人の増加率上位 10 都道府県

| | 都道府県 | 2017 年末（人） | 対前年末増減率（%） | 都道府県 | 2018 年末（人） | 対前年末増減率（%） | 都道府県 | 2019 年末（人） | 対前年末増減率（%） |
|---|---|---|---|---|---|---|---|---|---|
| 1 | 熊本県 | 13,582 | 16.5 | 鹿児島県 | 10,547 | 15.9 | 宮崎県 | 7,850 | 18.6 |
| 2 | 鹿児島県 | 9,101 | 14.4 | 島根県 | 9,274 | 15.3 | 沖縄県 | 21,220 | 17.7 |
| 3 | 宮崎県 | 5,783 | 13.4 | 熊本県 | 15,576 | 14.7 | 鹿児島県 | 12,215 | 15.8 |
| 4 | 島根県 | 8,041 | 12.9 | 宮崎県 | 6,621 | 14.5 | 熊本県 | 17,942 | 15.2 |
| 5 | 富山県 | 16,948 | 12.6 | 北海道 | 36,899 | 13.9 | 北海道 | 42,485 | 15.1 |
| 6 | 北海道 | 32,408 | 12.3 | 沖縄県 | 18,025 | 13.7 | 佐賀県 | 7,367 | 14.2 |
| 7 | 青森県 | 5,121 | 12.1 | 青森県 | 5,786 | 13.0 | 岩手県 | 8,170 | 13.7 |
| 8 | 沖縄県 | 15,847 | 10.9 | 佐賀県 | 6,452 | 12.1 | 香川県 | 14,266 | 13.2 |
| 9 | 福岡県 | 72,039 | 10.8 | 石川県 | 15,455 | 11.4 | 滋賀県 | 33,929 | 12.5 |
| 10 | 石川県 | 13,877 | 10.7 | 滋賀県 | 30,155 | 10.2 | 愛媛県 | 13,540 | 12.5 |

（出所）法務省報道資料「令和元年末現在における在留外国人数について」（2020 年 3 月 27 日）の「【第 4 表】都道府県別在留外国人数の推移」より筆者作成。

年在留外国人の増加率が他県と比較しても上位にある鹿児島県を事例にみていきましょう。鹿児島労働局が公表した「鹿児島労働局管内における外国人雇用状況の届出状況表一覧（2018 年 10 月末）」の「産業別・外国人雇用事業所数及び外国人労働者数」によると，外国人が増加している業種は製造業，特に食料品製造業でした。畜産大国とも呼ばれる鹿児島県は，2019 年 2 月 1 日時点で肉用牛（肉用種）および豚の飼養頭数が全国 1 位であり，採卵鶏，ブロイラーの飼養羽数も全国上位です。県下の基礎自治体に注目すれば，かつお節の生産量全国 1 位を誇る枕崎市や，全国屈指の養鶏地帯として全国的にも有名な出水市などがあります。

これらの地域では，相当額の賃金を提示し国内で広く求人広告を出しているにもかかわらず，少子化や若者の都市部流出等によって働き手が見つからずに，やむなく外国から技能実習生を受け入れている企業が多数存在します。また，在日ブラジル人向けのとある求人広告誌では，入社するだけでお祝い金 5 万円を支払うという冷凍食品加工会社の求人広告もたびたび目にします。鹿児島県の大隅半島で梅の生産から販売までを行うある企業の経営者は，技能実習生として熱心に働いていた2人の中国人を養女に迎え入れました。そして，2人が大学に進学し学ぶ費用も工面して卒業させ，現在はその2人が経営を担っています。つまり，現在の鹿児島では多くの外国人が産業の基盤を支えてくれているのです。

また，鹿児島県内の地方の祭礼行事に足を運べば，若い技能実習生が神輿をかつぎ，高齢者ばかりの祭礼行事に活気をもたらす場面にも遭遇します。地域の自治公民館で開かれる高齢者向けイベントでは，地元の若者の参加がほぼないなかでベトナム出身の技能実習生がアオザイを着て民族舞踊を披露したりベトナム料理を振る舞うなどして，地域の高齢者を笑顔にするといった機会も提供しています。鹿児島県のある自治体では，高齢化や人手不足に喘ぎ消防団員も不足しているなかで，外国人住民が自ら希望し消防団員となり地域防災に貢献している事例もあります。以上を踏まえると，鹿児島では地域の産業・経済分野に限らず，社会・文化活動でさえも，外国出身の地域住民の存在抜きに維持することは困難な現状があると推測できそうです。

こうした地域の深刻な人手不足の要因として考えられるのが，地方と中央との間に存在するさまざまな格差かもしれません。たとえば，鹿児島県と首都圏など中央や都市部との賃金格差は極めて大きいという現状があります。鹿児島県の2020年8月時点での最低賃金は790円で他の14県と並び全国最下位であり，東京の1013円とはなんと223円もの差があります。このような就労環境や都市部との賃金格差は，未来ある多くの若者を県外へと流出させることにつながり，これが外国人労働者の受け入れに拍車をかけている可能性は否めません。また，女性の社会進出に関する認識も都市部とは大きな開きがあるようです。たとえば鹿児島では，資本力もある名の知れた企業であっても，女性だからという理由でお茶汲みを強要される場合もあると耳にします。また，私の勤務先の女子学生から「『あなた（学生）は女性だから4年制大学に進学する必要はない』と親に言われた」といった話を聞いたのは一度や二度ではありません。

こうした状況下で，たとえば鹿児島県内の4割を超える企業で後継者が不在で困っているという報道もなされています。また，鹿児島市の繁華街天文館では，外国人留学生のアルバイト抜きに経営が成り立たないという話もしばしば耳にします。ただし，人手不足は地方，鹿児島だけに限ったことではありません。日本の大半の地方はおろか，関東首都圏の都心部でもそれは顕著です。東京都新宿区では，地域の振興や多文化共生を推進する部署が，中小企業の人材不足解消のための留学生就労支援等に業務の一環として取り組み始めています。大分県等では留学生が地域の企業に就職し定住するための支援等も広く取り組まれています。つまり，人手不足は日本どこでも共通の課題であるため，出自や国籍が異なる人々と共に生きるということは，どこで暮らしてもあたりまえになっているのです。

### ■グローバル化が進む地域で他者と共に生きるために

このように，日本でグローバル化が広がる現状において，私たちは学生時代に何を学び，そしてどんな能力を育んでおく必要があるのでしょうか。

#### ①多文化共生

まずみなさんに知っていただきたいのがこの多文化共生という言葉です。聞き慣れない言葉かもしれません。2006 年に総務省が出した報告書によると，多文化共生とは「国籍や民族などの異なる人々が，互いの文化的ちがいを認め合い，対等な関係を築こうとしながら，地域社会の構成員として共に生きていくこと」と定義されています。この定義については現在もなお批判も含め多くの議論がありますが，私自身は「地域社会の構成員として共に生きていくこと」という部分が特に重要だと感じています。その理由は，この文章が国籍やルーツの異なる人たちも同様に地域社会を構成する一員，同じ住民だと認識し共生する必要性をうたっているからです。

先述したとおり，特に地方の地域経済や文化を担う人々が現在急激に減少しています。また，近年国内で多発する自然災害とその防災・減災に向けた取り組み等も考慮すれば，国籍や出自を問うよりもまず先に地域に住む隣人として関係性を築くことが喫緊の課題であることは，火を見るより明らかです。外国から働きにきた人らと日頃から地域で隣人として関係性を築いておくことで，たとえば，自然災害が発生した際に相互に助け合うケースも容易に想像できます。したがって，この多文化共生という考え方を踏まえたうえで，外国人を同じ地域に住まう地域社会の構成員の１人として認識し，協力関係をはぐくむことは，今後ますます重要になってくることでしょう。

②やさしい日本語

グローバル化が進展する社会で身につけるべき能力を問われた際に，多くの人は英語をイメージするかもしれません。もちろんそれ自体は間違いではなく英語は使えないよりは使えたほうがよいでしょう。ただし，日本国内のグローバル化に限ってみると，たとえば2008年に国立国語研究所が全国の在留外国人1662人を対象に行った調査によれば，日常生活に困らない程度に英語ができる人は44%，日本語ができる人は62.6%というデータもあります（国立国語研究所，2009)。また，その他の多くの研究でも，日本の地域社会で外国人と共に生活するうえで，英語はそこまで役に立たないということが指摘されています。もちろん，英語圏以外を出自とする外国人が必ずしも英語を話せるわけではないことは，日本の学校で長年にわたり英語を学んできた私たちの英語でコミュニケーションをはかる能力をみれば容易に想像できることですよね。つまり，グローバル化によって国内で外国人が増えているから英語を勉強する必要がある，という考え方は，一度立ち止まって見直す必要があるかもしれません。

それでは，学生時代にどんな能力を培っておけばよいのでしょうか。私がみなさんにおすすめしたいのは，やさしい日本語です。具体的には，やさしい日本語研究の第一人者である庵さんが指摘するような「相手が何を言おうとしているのかを理解し，自分が相手に何を伝えたいのかを常に意識しながら，日本語表現を書き換えたり言い換えたりする」能力です（庵，2019)。つまり，相互理解を重視したうえで，相手の立場に寄り添ってコミュニケーションをはかることができる，日本語を操ることができる能力だと言えるでしょう。このやさしい日本語は，1995年の阪神・淡路大震災以降に外国人を対象とした情報提供の研究から始まりました。最近ではNHKの「NEWS WEB EASY」や，九州にある西日本新聞等のメディアもやさしい日本語を用いた情報発信に取り組んでおり，少しずつ日本社会にも浸透しています。

やさしい日本語を通じて相手の立場にたって考えられるようになることで，

異文化で生きることの苦労やつらさ，喜びを理解できるようになるでしょう。それはひいては，私たちがもつ異文化に対する偏見や他者に対する眼差し，自分たちの文化や立場をとらえ直す契機となるにちがいありません。それが，私たち自身が他者を通じて学び変容をとげることへとつながり，誰もが住みやすい，まさに多文化共生の地域をつくる一歩になると信じています。

## 4 振り返りのポイント

・日本の特に地方で進む，ローカルのなかのグローバル化の現状を理解する。
・グローバル化する地域社会を踏まえながら，学生時代にどんな能力を身につけたらよいのかイメージする。
・地域で他者と共生するために必要な考え方や方法を理解する。

## 5 エクササイズ

国や自治体が公表する都道府県別在留外国人数等や労働局が公表する外国人雇用状況等をもとに，自分が生まれ育った故郷のグローバル化についてどんな特徴や傾向があるのか調べてみましょう。

## 6 おすすめの本＆読むポイント

■木下理仁『国籍の？（ハテナ）がわかる本――日本人ってだれのこと？ 外国人ってだれのこと？』（太郎次郎社エディタス，2019年）

本書の帯にあるように「～人」や「国籍」をめぐる素朴な疑問に対して平易な言葉で答えてくれる本。生まれたときの国籍の決め方や在留外国人の参政権，難民受け入れ等については諸外国とのわかりやすい比較もあっておもしろく読むことができます。

■ナディ『ふるさとって呼んでもいいですか――6歳で「移民」になった私の物

語』（大月書店，2019 年）

イランにルーツをもつナディさんが日本での暮らしをつづった自伝。同じ日本社会で共に住み，私たちと同じように泣き笑う彼女の息遣いや体温を感じ，「他者」と出会いなおすことができる本です。

■アミン・マアルーフ『アイデンティティが人を殺す』（小野正嗣訳，ちくま学芸文庫，2019 年）

グローバル化は出自や国籍によって分断・排除をおしすすめ，「われわれ」と「あなた」という境界を容易に引いていきます。そんな境界のはざまを生き続けてきた筆者が，グローバル化が進む社会におけるアイデンティティとは何かを問う珠玉のエッセイです。

### 引用・参照文献

庵功雄，2019，「マインドとしての〈やさしい日本語〉――理念の実現に必要なもの」庵功雄・岩田一成・佐藤琢三・柳田直美編『〈やさしい日本語〉と多文化共生』ココ出版。

国立国語研究所，2009，『「生活のための日本語：全国調査」結果報告速報版』（https://www.ninjal.ac.jp/archives/nihongo-syllabus/research/pdf/seika_sokuhou.pdf〔2020 年 5 月閲覧〕）。

総務省，2006，「多文化共生の推進に関する研究会報告書――地域における多文化共生の推進に向けて」（https://www.soumu.go.jp/kokusai/pdf/sonota_b5.pdf〔2020 年 5 月閲覧〕）。

# 第3節

# グローバルとキャリア

## 1 テーマのねらい

「グローバルとキャリア」と言われると,「海外の企業で英語を使って働く自分」をイメージするかもしれません。けれどもこの節で考える「グローバル」は, そうやって「日本」と「海外」を明確に区切ったり, 日本から「外」に出ることだけを考えたりするものとは異なります。「国」といった大きな枠組みではなく, 人と人の関係から社会の成り立ちを考え直すことが, 本節でいう「グローバル」な考え方です。さまざまな人の考えが入り混じった社会で, 自分自身の考えとはどんなものかを見つめて, 自分は社会のどこにいるのかを考える。そのうえで, 自分とともに生きる人たちの考えや思いに想像力をめぐらせることができるようになることが, この節の目標です。

## 2 学習のためのヒント

・あなたが思う「グローバル」な将来とはどのようなものでしょうか？
・自分とまったく異なる他者の考えと出会ったとき, どのように「正しさ」を判断すればいいのでしょうか？
・いま自分が生きている社会で, あなたはどのような場所に立っていると思いますか？

## 3 「グローバル」にものごとを考える，とは？

「グローバル」あるいは「グローバリゼーション」といった言葉を聞いて，みなさんはどんなイメージをもつでしょうか。

19世紀から20世紀にかけて，わたしたちは，ひとつの「国家」という空間・システムのなかにそれを構成する「国民」という人々がいて，そこに自分たちが含まれている，そして世界にはその「国家」がたくさん存在している，というかたちでこの世界を認識するようになりました（そういう国のあり方を「国民国家」〔Nation-state〕と呼びます）。そして，そこに住む国民のために政治・経済・文化をコントロールすることが国家の「役割」だとされてきました。裏返せば，政治・経済・文化，そして「人」は，そういう国家という枠組みのなかにとどまっているというのが20世紀前半までの考え方でした。

「グローバル」や「グローバリゼーション」は，そういった国家の枠組みの「解体」としてとらえられます。20世紀後半にかけて，冷戦が終結し，テクノロジーが発達したことで，世界中のさまざまな場所や人が相互に「つながる」ようになります。人も，モノも，金も自由に移動するようになり，それまでのように「国家」という単位でものごとを考えることが難しくなります。

それは同時に，わたしたちが「あたりまえ」だと考えてきたわたしたち自身の存在，つまり「国民」という考え方も，再考を迫られるようになったということです。「国民」という大きなまとまりよりも，ひとりひとりの人間がどう生きて，どう動き，どう「つながる」かを考える必要が出てきました。

「グローバル」という言葉には，ネガティブなイメージも，ポジティブなイメージもつきまといます。新自由主義と過当競争の拡大，世界規模に広がる貧困と格差，テロリズム。あるいは自由の増した世界，価値観の多様化，人々の交流の活発化，などなど。

ただ現実には，みなさんが「グローバル」と聞いたときに思い浮かべるのは，「留学はしたほうがいい」「英語の勉強もしなければ」「日本にも外国人がたくさんやってくる」というようなものかもしれません。日本が海外とつながるから海外のことを考えよう，それが「グローバル」にものごとを見るということだ，それは自分のキャリアや人生に直接関わる問題なのだ……というふうに。

その考え方が間違っているわけではありません。ただそれでは，「グローバル」が少し遠いものに感じられるのも事実です。「頭ではわかっているけど，突然『海外のことを考えろ』と言われても難しい」というのは当然です。そんなに遠くて広いものに対する想像力を使う機会は，わたしたちの人生においてなかなかありません。

そもそもわたしたちは，いま住んでいるこの社会やわたしたちの身近な人のことにすら，十分に想像力を使っていないのかもしれません。そこに「海外」という遠くて大きなものの話をされても，実感は湧かないと思います（だから，英語の勉強もやる気にならない……という人もいるかもしれませんね）。

すでに書いたように，「グローバル」とはひとりひとりの人の異なる考えや価値観がつながり，ぶつかるということでもあります。遠くのことを考えるのが難しくても，まず自分のまわりの人，自分が暮らす範囲のことをきちんと知り，考え，想像する。そして「自分はいったい誰なのか」という問いについて思いをめぐらせる。それは「ローカル」なことにも見えるけれども，実際は「グローバル」の出発点にもなる。そんなふうに考えてみてはどうでしょう。

### ■留学体験からグローバルを考える

それでは，少し具体的に考えるために，わたしが「グローバル」を考えるようになったきっかけをお話しします。わたしが留学していたときの話です。

「近くのことを想像しろって言ったのに，結局海外の話かよ」と思ったかもしれません。これはもちろん，わたしの特殊な体験とそれを与えてくれた境遇を自慢したいとか，最後には海外に行くのがいいのだと言いたいわけではありません。ただ，わたしが現地で経験したことは，ひとつの社会は実に多様な人たちから成り立ち，いろいろな考えがつながり，ぶつかっているということを示す好例でした。みなさんの住んでいる日本という社会を相対化する，あるいはみなさん自身の生活に引きつけて考えるための例として，紹介します。

わたしは，東南アジアにあるタイのことを専門に研究しています。具体的に

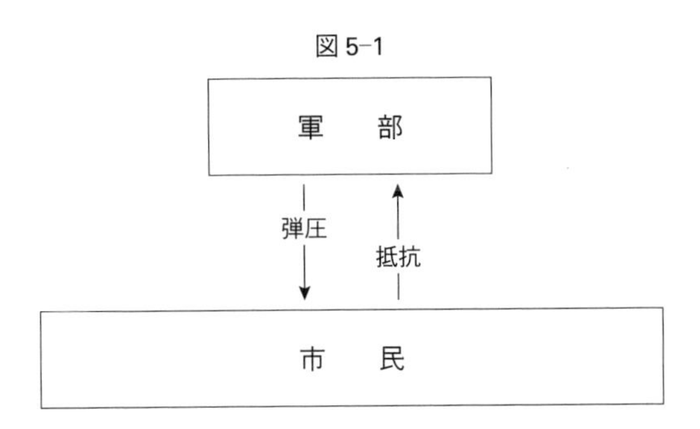


は，タイという国の公用語であるタイ語で書かれた現代の文学を研究したり，翻訳したりしています。2013 年から 2014 年にかけて，タイの首都バンコクにある大学の大学院に研究員という身分で滞在していました。

滞在中は基本的に，日本では手に入らない文献や資料を収集し，それを読むということを続けていました。ただ，なによりも心がけたのは，文学に携わるたくさんの人と交流をもつということでした。タイ国外ではほとんど研究が進んでいない分野ですので，現地の人たちと仲良くなって，いろいろな話を聞くことそのものがとても大事な勉強になりましたし，楽しい時間にもなりました。

①軍事クーデターと市民の抵抗

ところが，留学生活も順調に進んでいると思っていた 2014 年 5 月，タイで軍事クーデターが発生します。クーデターとは，簡単に言えば，暴力（による脅し）を使って政権を奪うことです。これを境に陸軍大将プラユットが率いる軍事政権が政治を支配します。クーデター直後から，政権は，軍政に反対する人々の弾圧をはじめます。反政府的であるとみなされた一般市民・大学生・活動家が次々に逮捕され，わたしの知人・友人にも，軍に拘束されたり，国外に亡命したりする人がいました。

**WORK**

図 5-1 のように軍部と市民が対立しているとき，「正しい」のは軍部と市民のどちらだと思いますか？

図 5-2

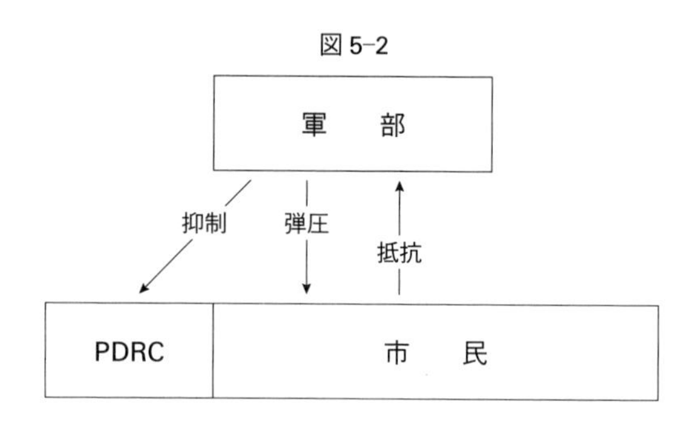


②正当化されるクーデター

どうしてクーデターが起きたのでしょうか。実は，わたしが留学をはじめた直後の2013年11月から，PDRC（人民民主改革委員会）という名前の市民団体がバンコクでデモ活動を行っていました。この市民団体は，当時の与党であるタイ貢献党が国会に提出した，恩赦法という法案の撤回を求めて路上デモを始めました。

そのあと半年近くにわたってデモは拡大を続け，バンコクの主要交差点が何箇所も封鎖される事態になりました。都市機能も制限され，その他のさまざまな要因もあわせて，社会状況は混乱をきわめました。軍は，その混乱を収束させるという建前で自分たちのクーデターを正当化していました。

**WORK**

図 5-2 を見ながらまた考えてみましょう。「正しい」のは誰でしょう？

③タックシンと国王

どうしてそこまで大規模なデモが続いたのでしょう。PDRCが問題視したのは法案だけでなく，その後ろにいるとされたタックシンという政治家でした。

タックシンは2001年から2006年までタイの首相を務めた人物です。タイ東北部の低所得・農業従事層へのバラマキ政策などで歴史的な人気を獲得した一方，自身に批判的なメディアの規制，ムスリムの弾圧，株売買による汚職など，

図 5-3

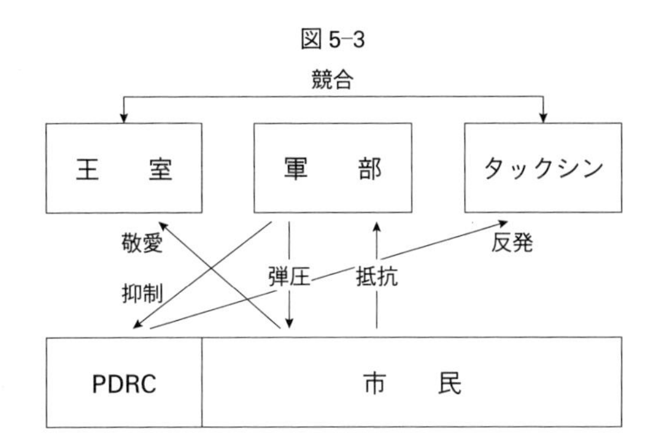


その政治運営には多くの問題がありました。

この彼の人気と，タイの「国王」の存在がぶつかります。タイの国王は国家の「父」とみなされ，法的には神聖不可侵の国家元首という高い地位を与えられています。当時の国王ラーマ9世は，タイ社会のさまざまな問題を解決してきた「民衆王」として，絶大な人気を誇ってきました。

しかし2000年代，高齢による衰えが見えた国王と，新たに登場して国民に支持されたタックシンが競合します。国王を支持するバンコク市民の後押しもあり，王室との関係も深い軍が2006年にクーデターを起こして，タックシンを国外に追放します。ただ彼は，その後も国内政治に強い影響を残します。

2013年当時の首相だったインラックは，タックシンの妹でした。与党が国会に提出した恩赦法案が成立すれば，タックシンがタイに帰国して，タイ社会に混乱を招くかもしれない。王室を支持するPDRCの人々は，そういう懸念から反政府デモを続けました。

**WORK**

図 5-3 のなかで，「正しい」のは誰でしょう？

④国内の分断と格差

タイの東北部は全人口のおよそ3分の1が住む，広い地域です。一方そこに

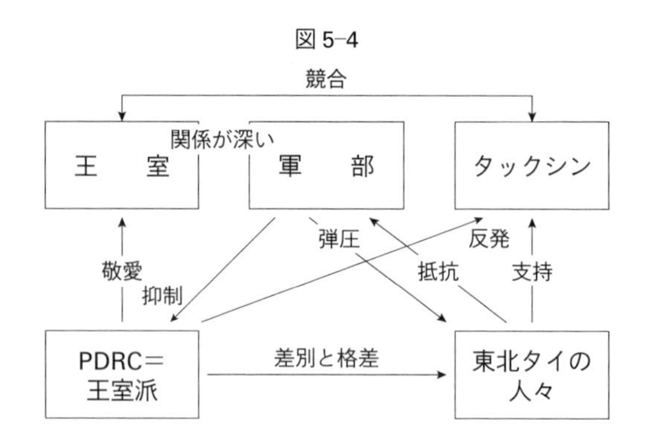


住む人々は，いわゆる「3K」労働に従事しがちなことや「なまって」聞こえるその言葉などを理由に差別・侮蔑の対象になってきました。タックシンの政策が東北タイの人々の生活水準を向上させたことは事実で，彼は「ヒーロー」としての人気を得ていました。選挙となれば，人口の多い東北タイを支持基盤にもった彼が有利になるのは当然でした。

そのため2006年にタックシンが追放されたあとも，選挙のたびに，タックシン派の政党や政治家が勝利します。しかしタックシンの影響力を排除したい王室派は，司法の力を用いて，タックシン派の首相を辞職させたり，政党を解党したりします。当然，選挙でタックシン派に投票した人々は怒ります。

ここで，王室を支持するバンコクの市民＋軍と，タックシンを支持する東北タイの市民の間の対立が生まれます。タックシンが追放された2006年以降，王室派は黄色いシャツを，タックシン派は赤いシャツを身に着けて，自分たちの主張の正当性を訴えるデモを続けます。その結果，タックシン派の市民が軍によって多数殺害される事件すら起きます。しかし，タイ社会に存在する差別と格差を正当化するさまざまな考え方によって，メディアなどではその殺害すら「正しい」ことのように扱われました。

⑤クーデターが起きた本当の理由

その後，タックシンの妹であるインラックが選挙に勝利して首相に就任し，話は2013年に戻ります。王室派の人々で構成されたPDRCが，自分たちより「下」の人間から支持されて，自分たちの敬愛する国王を脅かすタックシンの影響力を排除すべくデモをした。デモを抑えるクーデターと言いつつ，王室と関係の深い軍もPDRCの人々に肩入れしていた。これが実態でした。

そこにはさらに，高齢のラーマ9世から息子のラーマ10世への王権の移行を安定的に進めるという意志も働いていました。だからこそ，軍事政権の強い支配力によって反対派の弾圧が行われるようにもなったのです。

> **WORK**
> 最後のワークです。もしあなたがこのときのタイ社会にいたら，あなたはどの場所にいたいですか？

■わたしは社会のどこにいるのだろう？

この状況を見ていた留学中のわたしが直面したのは，まさに最後のワークと同じ問題でした。わたしはこの社会のどこにいるのだろう？ まわりにはクーデターに反対する友人が多くいました。わたしはその嘆きや悲しみに共感したいと思いました。しかしもちろん，クーデターや王室を支持する友人たちもいました。しかもわたしは一時的にタイにいるだけで，いずれ日本に帰るのです。

それでもそのときのわたしにできたのは，近くにいるひとりひとりの考えや思いを想像し，同時に，なにが起きているかを学ぶことでした。ひとつの社会，自分の身の回りの世界にあまりに多くの考え，思い，価値観，「正しさ」，立場が混在し，それらがぶつかっていたからです。

もちろん，このすべてから距離をとって，なにも考えずに「中立」であるふりをすることもできました。けれどもわたしの生活は，まわりの人たちとのつながりからできています。そこに無関係でいることなどありえませんでした。

ここまでくると，日本に引きつけて考えることができませんか。タイのように大きな衝突はこの近年なかったにせよ，自分も含めていろいろな人の異なる考え方が存在し，それがぶつかったりつながったりしてわたしたちの生活・社会が成り立っているという点ではまったく同じです。いろいろな人が等しく尊重され，尊厳を守られて，虐げられることなく生きていくにはどうすればいいでしょうか。この社会のなかで，あなたはいったいどこにいる，何者なのでしょうか。それを考えて，想像して，学ぶこと。それを，みなさんの日常から始めること。それが「グローバル」のはじまりです。

## 4 振り返りのポイント

・「グローバル」は「海外」のことだけではなく，自分と関わる人の考えや思いを想像するところから始まる。
・価値観や思想が複雑に絡む社会においては，自分がどの場所にいるか常に考えることが大切。
・「中立」を謳って無関心である状態を抜け出すには，学ぶこと，考えること，想像することが必要。

## 5 エクササイズ

これまで，いろいろな人の考えや意見が対立するなかにいた経験はありますか。その経験について，自分はそのなかでどこにいたのか，そこにどういう考えや意見があったのか，図を書いて整理してみましょう。

## 6 おすすめの本＆読むポイント

■マンフレッド・B・スティーガー『新版 グローバリゼーション』（櫻井純理・髙嶋正晴・櫻井公人訳，岩波書店，2010 年）

歴史・経済・政治・文化・エコロジーなど，さまざまな側面から「グローバリゼーション」を学ぶことができる教科書。翻訳者の先生方による日本の読者のための文献リストも充実していて，これからの学びを進めるのにぴったりです。

■岸政彦『断片的なものの社会学』(朝日出版社，2015 年)

社会学者である著者が，さまざまな人たちへの聞き取り調査のなかで得た「断片」をまとめた不思議なエッセイ集。それぞれの人生が刻まれた断片を組み合わせると，そこに，「わたし」自身のすがたも，わたしたちの「社会」のすがたも見えてきます。

■ベネディクト・アンダーソン『定本 想像の共同体――ナショナリズムの起源と流行』(白石隆・白石さや訳，書籍工房早山，2007 年)

言語と出版という観点を中心に，「国民」という概念がどのように「想像」されたのかをたどる，ナショナリズム研究の名著。わたしたちがあたりまえだと信じているわたしたち自身のあり方を，考え直すきっかけになる書物です。

# 第 6 章

# 情報との付き合い方を知る

私たちの身の回りは，たくさんの情報であふれかえっています。それらの情報は，目から入る情報，耳から入る情報，そして自分が体験することで得た情報など，さまざまなモノを通して入ってきます。この章では，自分で得た情報を振り返って，身近な生活において情報を味方につけることを学びましょう。

# 第1節

# 情報とキャリア

## 1 テーマのねらい

この節では「情報」とキャリアについて扱います。とはいえ「情報」が指す言葉の範囲はとても広いです。システムエンジニアやプログラマなど情報技術を活かして活躍している人のキャリアについて紹介することも可能かもしれません。しかしここでは，加速する情報化社会において，新たな「情報」に触れたときに，それをどのように解釈し，どのように活用していくのか？ということを考えるのが目標です。

## 2 学習のためのヒント

・あなたは新しい「情報」に触れたとき，どのように解釈していますか？
・解釈の方法や特徴を他の人に説明することができますか？
・「振り返り」をていねいに行うためにはどうすればよいでしょうか？

## 3　自身の情報をとらえる特徴を考える

### ■折り紙ワークに挑戦しよう

はじめに，簡単なワークから行います。まず，折り紙を１枚用意してください。どのような色でもかまいません。用意ができた人から以下のワークに取り組んでみましょう。

> **WORK ①**
>
> 折り紙の３分の２の４分の３のエリアに斜線を引いてください。

さて，斜線は引けましたか？ 斜線を引いたエリアの大きさはどの程度でしょうか？

きちんと引けた人は折り紙の面積の半分になっているのではないでしょうか。これは何のためのワークなのかと疑問をもった人も多いと思います。ここでみなさんに考えてほしいことがあります。それは「自分はどのようにして斜線を引いたのか」ということです。

私が過去に行った授業でも，多くの学生にこのワークに取り組んでもらいました。だいたい8〜9割の学生が，図6-1のように，折り紙を３等分に折ったあとに３分の２の領域を求めて，そこからさらに４等分して斜線を引くエリアを求めていました。上段は，３分の２のエリアと同じ方向に４等分して求める方法，下段は，３分の２のエリアを垂直方向に４等分して求める方法です。上段と下段で求め方は若干異なりますが，いずれにしても多くの学生が折り紙を折って斜線を引く領域を求めていました。

それでは，折り紙ワークを振り返っていきます。具体的には，折り紙を折って求める以外の方法を考えていきます。では，別の方法とはどのような求め方でしょうか？ まず，WORK ①の問題文をもう一度よく見てみましょう。

図 6-1　折り紙ワークの代表例

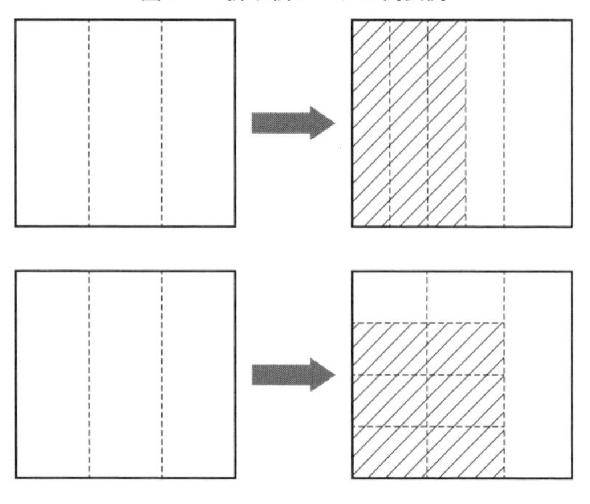

元の文：折り紙の<u>3分の2の4分の3</u>のエリアに斜線を引いてください。

下線を引いたところに注目してください。これは分数です。では，数学で習ったとおりの表記にしてみます（修正した文①）。

修正した文①：折り紙の<u>2/3の3/4</u>のエリアに斜線を引いてください。

このように修正すると，ピンときた人もいるかもしれません。「2/3の3/4」は，分数のかけ算で表記することができます。そして，それを計算し，文章を修正していくと以下のようになります。

元の文　　　：折り紙の<u>3分の2の4分の3</u>のエリアに斜線を引いてください。

↓

修正した文①：折り紙の<u>2/3の3/4</u>のエリアに斜線を引いてください。

↓

修正した文②：折り紙の<u>（2/3）×（3/4）</u>のエリアに斜線を引いてください。

↓

修正した文③：折り紙の1/2のエリアに斜線を引いてください。

↓

修正した文④：折り紙の半分のエリアに斜線を引いてください。

ここまで来ると斜線を引くのは簡単です。折り紙を半分に折ったり，対角線を引いたりしたあとに，どちらかのエリアに斜線を引くだけです。このように，折り紙ワークは，実は簡単な分数の計算で求めることができる問題でした。日本では，義務教育で習う問題です。にもかかわらず，多くの人が折り紙を「折って」斜線を引くエリアを求めようとしました。これはなぜでしょうか。

次に，その理由について，WORK ①の活動を振り返ってみましょう。WORK ②の課題に取り組んでみてください。

**WORK ②**

なぜ，私は「折り紙を折って」斜線を引いたのか？ もしくは，なぜ，私は「計算をして」斜線を引いたのか？ その理由を自己分析し記述してみましょう。

どのようなことを記入しましたか？ 「無意識のうちに折ってしまった」「折り紙だったので折ってしまった」「おかしいな……とは思ったが配られたものが折り紙だったので折ってしまった」などの理由が多いでしょう。反対にすぐに計算をしたという人は「問題文を見て分数だとすぐに気づいた」という理由を書いたかもしれません。

実は，「折ってください」という言葉は出していません。なぜならば，「折ってください」と言ってしまうとこのワークの前提が崩れてしまうからです。もう一度，最初の問題文を確認してみると，あくまで「斜線を引いてください」としか書いていません。しかし，簡単な計算問題で解けるにもかかわらず，多くの人が折り紙を折って斜線を引いて求めました。そこで，次に，その理由について考えていきましょう。

### ■折り紙ワークを振り返り，情報を解釈することについて考えよう

多くの人が折り紙を折って斜線を引いた理由に，折り紙のもつ文脈が影響しています。日本ではさまざまなところで折り紙が登場します。子どもの頃に，ほとんどの人が折り紙を折って遊んだ経験があるはずです。学校に行くようになっても，修学旅行に行く前や，入院したクラスメイトに折り鶴を折ったこともあるでしょう。このように，日本で暮らしてきた人は折り紙を前にすると，折るものだという文脈が働きます。そこで簡単な計算問題でもついつい折ってしまうのです。

反対に，計算をして求めた人はどうでしょうか？ 数学が好きな人かもしれませんし，もしかすると，留学生や子どもの頃に海外で過ごした人で折り紙にあまり馴染みがなかったのかもしれません。

いずれにしても，人はこれまでに経験してきたことや学んだこと，また経験からえた知識などの影響を強く受けています。すなわち，みなさんが受け取る情報は，すべてそれらの影響を受けて解釈されているということです。このように何らかの影響を受けている状態を，「バイアス」がかかっていると言ったりもします（第5章1節では，ジェンダーバイアスという言葉について学びました）。

「バイアス」という言葉を初めて聞いたという人もいるかもしれません。主に心理学領域で議論されてきたものですが，ここでは「先入観」や「思い込み」のようなものだと考えてください。たとえば，みなさんは几帳面な友達を見て「A型っぽいね！」と話をしたり「O型だから大雑把だね！」と言ったりしたことがありませんか？ しかしながら，科学的には血液型と性格が関係することには何の根拠もありません。それでも，几帳面な人や大雑把な人を見て血液型を連想することは「先入観」や「思い込み」があるという意味で，バイアスがかかった状態と言ったりします。

文脈やバイアスの影響を考えると，何が正しい情報なのか，客観的に情報を見るとはどういうことなのか，とても難しく感じると思います。しかし，重要なのは「文脈やバイアスの影響をできるだけ排除して中立的・客観的になろ

う」と考えないことです。言い換えると，自分が影響を受けている経験や，自分の考え方の特徴やクセをしっかりと把握したうえで，情報を解釈していくことが重要です。ここで，先ほどの折り紙ワークが関係してきます。自身が情報に接するときの特徴やクセにはどのようなものがあるでしょうか。

「3分の2の4分の3」という文字を見たときに，違和感がありましたか。実際に授業で学生に聞いてみると「違和感はあったし，計算で求められるかもと思ったが折り紙なので折ってしまった」という人も多かったです。このような場合は，情報を吟味する力や姿勢がポイントになってきそうです。

また，他の人がどのように解釈したのか？ ということを知ることも重要です。同じワークに挑戦しても，折った人もいれば計算した人もいました。折った人でも図6-1のように方法が異なったり，計算した人でも対角線を引いて求めた人もいました。すなわち，人によって解釈や方法は異なるということです。自分以外の人はどうとらえたのか？ という視点から多角的に見ていくことも重要です。

これまで述べてきたことを整理すると以下の3点にまとめることができます。これから情報に接する際に，気をつけて考えていってほしいことです。

1. 情報を吟味する
2. 自身が影響を受けている文脈やバイアスは何なのかを考える
3. 情報を多角的に見る

このような解説をすると「だまされた！」や「自分は計算をせずに折ってしまったので，頭が固いのだろうか……」といった感想をもつかもしれません。それ自体は，とても重要な気づきです。しかし，重要なのはそこで立ち止まらないことです。「なぜ，だまされたのか？（ただし，私はだましたわけではありません）」「頭が固いとは具体的にどういうことか？」といったことを振り返ってみましょう。自分の情報をとらえるときの特徴を考えたり，他の人がどのようになったのかを考えたりしていけば，ここで説明した3つの視点を養うことができるはずです。

※「折り紙ワーク」は，Shirouzu, Miyake & Masukawa（2002），三宅・白水・益川（1998）などで扱われた実験をもとにしています。また，本授業は早稲田大学・人間科学部で開講されている「情報社会におけるキャリアデザイン」（尾澤重知先生担当）を参考に再構成しました。

■情報を吟味する「振り返り」をしよう

ここまでは「折り紙ワーク」を中心に考えてきました。ここからは膨大な情報をどのように解釈していくか？ という少し一般的な話をしたいと思います。先ほど「振り返り」という言葉を使いました。振り返りという言葉はみなさんも聞いたことがあるはずです。今回は「折り紙ワークを振り返ってみましょう」と言いましたが，授業でも「今日の振り返りをしましょう」という言葉を聞いたことがあるはずです。しかし「振り返り」という言葉がどのような意味をもつのか，具体的にどのような活動かを深く考えたことがある人は少ないのではないでしょうか？

振り返りには学術的な定義があります。ここではいくつかの定義を紹介します。

・自分のやり方を自分であれこれ検討してみること，もっとよいやり方はないか工夫してみること，自分に対して批判的になること（三宅，1997）。
・学習者が自らの学習について意図的に吟味するプロセス。獲得した認知的技能や知識をデータとして新たな技能・知識を作り出す批判的思考力ともいえる（三宅・白水，2002）。

少し難しい言葉が並びますが，いずれの定義にも共通する点として「次の活動」が想定されていることが挙げられます。「もっとよいやり方はないか工夫してみる」や「新たな技能・知識を作り出す」といったことは，振り返ることで次の活動をよりよくしたり，改善したりするという意味が含まれます。

このように考えると，今回の振り返りとは「折り紙ワークができた・できなかった」を考えることではなく，自分の特徴を踏まえて，次回以降「新たな情報に触れたときにどのように振る舞うのか？」「新たな課題が出されたときにどのように解釈していくか？」といったことを考えることが求められています。

無意識のうちに折ったという人は，少し立ち止まって考えるようにするとよいかもしれません。違和感を感じながらも折ったという人は，違和感を感じた理由やその背景を大事にするとよいでしょう。反対にすぐに計算した人は，数学的な思考が得意な人かもしれません。では，その強みや特徴を活かすためにはどうすればよいか？ を考えるとキャリアをイメージしやすくなるでしょう。

この節では，情報を吟味したり自身に影響を与えている文脈やバイアスを分析的に見たり多角的に見たりすることで，世の中にあふれる膨大な情報と向き合うヒントになることを述べてきました。そのうえで，自身の特徴や活動を適切に振り返り，次の活動に活かしながらキャリアを拓いていってほしいと思います。

## 4 振り返りのポイント

・折り紙ワークの「振り返り」を丁寧に実施する。
・振り返った結果として自身の情報をとらえるクセや特徴を理解する。
・自身のクセや特徴を踏まえて，次回以降どのように取り組めばよいかを検討する。

## 5 エクササイズ

これまでの実生活や学習の場面において，情報の吟味や多角的な検討をしなかったことで，失敗してしまった経験や，反対にしっかりと吟味したことによりうまくいった経験を書き出してみましょう。あわせて，それらの経験から学んだことや気をつけるようになったことも書いてみましょう。

## 6 おすすめの本＆読むポイント

■ティナ・シーリグ『20歳のときに知っておきたかったこと――スタンフォード大学集中講義』（高遠裕子訳，CCCメディアハウス，2010年）

スタンフォード大学の起業家育成コースで行われた授業を題材にした本です。

■石井力重『アイデア・スイッチ――次々と発想を生み出す装置』（日本実業出版社，2009年）

著者の石井力重さんは，実際の企業でアイディア創出のためのワークショップなどを手がけています。

■上田信行『プレイフル・シンキング――仕事を楽しくする思考法』（宣伝会議，2009年）

「学習環境デザイン」という専門的な知見をベースにして書かれた本です。

いずれの書籍も，アイデアを創造するための「方法」や「思考」といったことを扱っています。情報を吟味したり，分析的に見たり，多角的に見ることのヒントになる内容です。

### 引用・参照文献

三宅なほみ，1997，『インターネットの子どもたち――今ここに生きる子ども』岩波書店。

三宅なほみ・白水始，2002，「内省」日本認知科学会編『認知科学辞典』共立出版。

三宅なほみ・白水始・益川弘如，1998，「外界を能動的に利用した計算――折り紙による実証」『日本認知科学会第15回大会発表論文集』。

Shirouzu, H., N. Miyake & H. Masukawa, 2002, "Cognitively Active Externalization for Situated Reflection," *Cognitive Science*, 26（4）.

# 第2節

# 法律とキャリア

## *1* テーマのねらい

法律や契約は毎日の生活のあらゆるところに存在しています。そして，未成年者，消費者，労働者など，社会のなかで弱い立場になりやすい人たちを守る法律もあります。このため，困ったことが生じたり，疑問に思うことが起きたりしたときは法律の知識がとても役に立ちます。しかし，非常に専門性が高い分野でもあるので，自分なりに解決しようとすると，問題がこじれることもあり，専門的な知識をもつ人に相談することが大事です。ここでは，困ったことが生じたときに，法律が関係しているのではないか，ということを感じ取る力 Legal Literacy（法的感覚）を身につけることが目標です。

## 2 学習のためのヒント

・大学生の生活にも法律や契約が関係しているのでしょうか？
・困ったことが生じたら，これは法律の問題なのではないかという法的感覚を養うためにはどうしたらよいでしょうか？
・自分だけで法律問題を解決しようとすることに危険はないでしょうか？

## 3　法律や契約は私の毎日に関係しますか？

推理ドラマや裁判もののドラマを見ていると，何か事件が起きたときに法律をもとに事件の処理が進んでいく場面がありますが，法律は，事件や事故が起きた場合だけ，登場するものではありません。私たちの生活や社会システムはすべて法や契約が前提となっているのです。そして，契約は法律を前提として成り立っているのですから，法律の知識は，社会においてキャリアを重ねていくうえで重要であるし，時には武器にもなるわけです。

### ■未成年者と契約

大学生は1人で契約ができるでしょうか。できるとして，「やっぱり面倒だから放っておこう！」ということはできるのでしょうか。

まず，契約とは何でしょう。大学入学が決まって，住むところを決め，住み始める。これは賃貸借契約です。住むところが決まって，そこで電気，ガス，水道を使う，これも供給契約であり，そもそも大学に入学して，大学生となるのは大学との在学契約で，大学に通学するためにバスや電車を利用するのも旅客運送契約を前提としています。このように，法律や契約はあなたの毎日の生活に編み込まれているのです。そして，契約は単なる約束とは違います。そこで定められた義務を実行（法律的には，履行という言葉を使います）しなければ，損害賠償を請求されることがありますし，裁判を起こして履行を要求されることもあります。つまり，単に知り合い同士でお約束を守るということとは違い，極めて強い「法的な」拘束力をもっているものが契約です。

では，大学生は，自分の名前で，1人で契約ができるのでしょうか。自分の名前で契約をできるのは，原則として，成年に達している人です。いつ成年に達するかについては，民法という法律で決まっていて，民法第4条に規定されています。そして，民法が改正され，それまで20歳からであったのが，2022年4月1日からは，18歳から成年となります。このため2022年4月以降はほとんどの大学生が1人で契約ができる，ということになります。

## ■契約と責任

次に，面倒になった契約は「放っておこう！」ができるでしょうか。これは，先に述べた法的に極めて強い拘束力があるということからも想像がつくように，本人ではいかんともし難い理由によりどうしても履行できなくなった場合（法律的には，「責めに帰することができない事由」といいます）などのほかは，損害賠償の責任が生じます（民法第415条1項）。

まず，「やっぱり面倒！」と思って，契約で決められたことを放っておく場合は，履行遅滞となり，債務不履行という状況が生じます。この場合は，相手方は，原則として催告をしたうえで契約解除をすることができます（民法第541条）。場合によっては催告によらない解除もすることができます（民法第542条）。契約が解除された場合，これでおしまい！ というわけではなく，解除の場合でも相手方は損害賠償を請求することができるので，その場合，賠償責任が生じることともなります（民法第545条4項）。

このように，いったん契約を締結すると，契約により得るものは当然にありますが（だから契約をするわけですからね），一方で重い責任も生じるということを忘れてはいけません。さらに，契約は合意により成立するので，契約書がないから契約ではない，ということでもありません。もちろん，大きな契約は契約書を作成するのが普通ですが，契約書は契約を証明する手段であって，契約の成立要件ではないのです（民法第522条2項。もちろん例外はあり，たとえば保証契約は別です＝民法第446条2項）。契約書を作成していないから，まだ契約になっていない，と言うことはできないのです。

## ■未成年者を守る法

成年に達していない人（未成年者と呼びます）が契約をするには，どうしたらよいのでしょうか。この場合は，原則として親権者あるいは未成年後見人（これらを未成年者の法定代理人と呼びます）の同意が必要となってきます（民法第5条1項）。一方で，未成年者が法定代理人の同意なく契約を締結した場合，原則として取消をすることができるのです（民法第5条2項）。法定代理人のほか，未成年者本人も取り消すことができます（民法第120条1項）。これは，未成年者を半人前扱いしているようにも見えますが，未成年者を保護するための制度なのです。未成年者は，社会経験も浅く，契約から生じる責任についての知識も十分とは言えないことから，取引社会の餌食になることを防ぐためにこのような制度となっているのです。このような趣旨から，未成年者が成年であると信じさせるためにウソをつくなどした場合（詐術といいます）には取消ができなくなります（民法第21条）。

もっとも，未成年者がお小遣いの範囲内で何かを買ったり，親にこれを買いなさいと言われてお金をもらって買ったりすることは1人でもできます（民法第5条3項）。後に説明するクーリング・オフはインターネットの取引では利用できませんが，未成年者の取消権は行使できます。なお，成年年齢が18歳になっても，飲酒・喫煙はこれまでと変わらず，20歳からなので気をつけましょう（投票する権利は18歳から）。

## ■消費者を守る法

「契約と責任」で説明したとおり，いったん契約を締結すると，重い責任が生じます。でも，契約締結の過程で正確な情報を知らされなかったり，偽りの情報を知らされたりした結果，本当なら契約締結をするはずがないのにしてしまうということもありえますよね。その場合には，民法上，契約をすると言ったこと（法律上「意思表示」と言います）を取り消す手段はあります。錯誤による意思表示の取り消し（民法第95条）や詐欺や強迫による意思表示の取り消し（民法第96条）の制度です。とは言っても，それぞれ要件があることと，それを証明することが難しいことも多く，必ずしも解決策としては大きな力をもっていないのが実状です。

しかし，一般的に消費者は通常事業者と違って，必ずしもその業種や商品に対する知識を十分にもっていません。しかも，心の準備もなく切り出された話に適切な判断ができず契約してしまうこともありえます。そういった契約（「不意打ち的」と表現されることがあります）について，事業者と比べて弱い立場にある消費者を守るための法律があり，そのなかに消費者を保護するために解約ができる制度があるのです。

それは，クーリング・オフという制度です。クーリング・オフ（cooling off）とは，頭を冷やすという意味ですが，文字通り冷静になって考える期間を契約をしてしまった人にもってもらい，その一定期間内であれば無条件で解約をすることができるという制度です。すべての契約について認められるわけではなく，訪問販売（営業所以外の場所＝自宅や喫茶店で契約をする形態のセールスやキャッチ・セールス＝街中で声をかけられて，商品を勧められてそのまま営業所に同行して契約をする形態のセールス）などの一定の形態の取引について認められるもので，「特定商取引に関する法律」（特定商取引法）という耳慣れない法律に定めがあります。

クーリング・オフの方法は，事業者が交付する申込書面・契約書面（法定書面）を受領した日から一定期間内（取引類型によって異なります。訪問販売の場合は，書面受領日を起算日として8日間）に，契約解除の通知を書面で発することによって行います（法第9条参照）。そもそも法定書面が交付されていない場合には，期間がすぎても行使することが可能です。

かといって永久に行使できるというわけではなく，原則として5年間は行使可能という考え方が示されています（齋藤ほか，2019：158頁，717頁）。ただし，ネットショッピングなどの通信販売，自動車にはクーリング・オフの適用はありませんので注意が必要です。

もう1つ，消費者を守る法律として，消費者契約法という法律も紹介します。先ほど述べたように，消費者は，事業者と違い必ずしもその業種や商品に対する知識を十分にもっていない場合であったり，うまく交渉をすることができない場合であったりなど，対等な立場にない場合も多くあることから，消費者保護のため定められている法律です。消費者契約法には，重要事項について事実と異なることを告げて勧誘し，誤認した場合や（法第4条1項1号），事業者に対して退去を求めたにもかかわらず退去しなかった場合（法第4条3項1号）などに，契約の申し込みや承諾の意思表示を取り消すことができることが定められています。

■労働者を守る法

最後に，労働者を守る法を紹介します。大学生になってアルバイトを始め，初バイト料をもらって，ちょっと誇らしげな気持ちになった方もいるのではないでしょうか。では，労働者とは何でしょうか。

法律上は，事業又は事務所に使用される者で，賃金を支払われる者を，労働者といいます（労働基準法第9条参照）。日本国憲法第27条1項には，すべて国民は，勤労の権利を有し，義務を負うと定められ，同2項は，賃金，就業時間，休息その他の勤労条件に関する基準は，法律でこれを定める，としています。

このように，勤労することは国民の権利であり，義務でもあるのですが，労働者は雇用されるという立場から，使用者とは対等な関係ではない場合も少なくありません。そこで，労働者の権利を守るために，賃金等の条件が法律で定められています。労働者の労働条件について定めている法律としては，最低賃金法，労働基準法，労働契約法，雇用の分野における男女の均等な機会及び待遇の確保等に関する法律（雇用機会均等法）などがあります。

①最低賃金

ここでは，まず，最低賃金という制度を知っておいてもらいたいと思います。最低賃金（地域別最低賃金）は，最低賃金法に基づいて定められており，これは，通常年に一度見直され，雇用形態に関係なくすべての労働者に適用されます（このほか，特定最低賃金という制度もあります）。

各都道府県の地域別最低賃金は，労働局のウェブサイト等で公開されています。使用者は，地域別最低賃金の適用を受ける労働者に対して最低賃金以上の賃金を支払わなければならず，この規定に違反した者は，50万円以下の罰金に処せられるとの規定が最低賃金法（第40条）にはあります。

特定最低賃金は，一定の産業の労働者（除外される者もありますので注意が必要です）に適用されます。地域別最低賃金と特定最低賃金の両方が同時に適用される場合には，高いほうの金額が最低賃金となります。

**WORK**

自分の住んでいる都道府県の最低賃金を調べて，他の都道府県と比較してみましょう。

②労働時間

労働時間とは，使用者の指揮命令下に置かれている時間をいいます（三菱重工長崎造船所事件，最小一判平成12.3.9民集第54巻3号801頁）。ですから，たとえば帰る時間になっても使用者の指示により残って作業をさせられた場合など，使用者の指揮命令下に置かれていると評価されれば，労働時間とみなされる可能性もあります。

③ハラスメント

また，近年，耳にすることが非常に多い言葉なので，ご存じだとは思いますが，職場におけるハラスメントということについても知っておいてもらいたいことがあります。たとえば，異性の上司が頻繁に飲みに誘ってくる，気がついたらボディタッチをされる，これってセクシュアルハラスメント＝セクハラかも，どう対処したらよいのだろう，というバイト先での悩みを抱く学生もいるかもしれませんね。セクシュアルハラスメントかもしれないと思ったら，がまんせずにすぐに行動に移すことが肝要です。そうしないと，相手がエスカレートすることも多く，あなた自身，気がつかないうちに心の傷が深くなっていってしまいます。

違法なセクシュアルハラスメントには，民事上，相手方やその雇用主（使用者）に対して損害賠償責任を追及しうることとなり（民法第709条，第715条，第415条），行為者に強制わいせつや強制性交等などの刑事上の責任が問われることもあります（刑法第176条，第177条参照）。そして，雇用機会均等法は，職場におけるセクシュアルハラスメントについて，事業主に対して雇用管理上必要な措置を講じなければならない旨を定めています（第11条1項）。雇用管理上必要な措置とは，相談に応じ適切な対応をすることができるような体制整備などを言います。

では，セクシュアルハラスメントとはどのようなものを言うのでしょうか。先ほどの例はセクシュアルハラスメントになるでしょうか。

雇用機会均等法では，「性的な言動に対するその雇用する労働者の対応により当該労働者がその労働条件につき不利益を受け，又は当該性的な言動により当該労働者の就業環境が害されること」を職場におけるセクシュアルハラスメントとしており（第11条1項），先ほどの例はセクシュアルハラスメントに当たると言えます。ここにいう「労働者」とは，いわゆる正規雇用労働者のみならず，パートタイム労働者，契約社員等いわゆる非正規雇用労働者を含む事業主が雇用する労働者のすべてをいいます。セクシュアルハラスメントには，性的指向や性自認に関わる事項も含まれることを忘れてはいけません。もし，セクシュアルハラスメントが起きた場合には，まず，会社のセクハラ相談窓口や各地の労働局に相談をしましょう。あるいは，法律の専門家に相談するという方法もあります。とにかくがまんしないでSOSを出してください。

近年，職場においてのいじめである，パワーハラスメントが極めて深刻な社会問題となっています。執拗ないじめ，いやがらせ，人格攻撃，過大な仕事のおしつけ，いやがらせのために仕事を与えないことなど，深刻なパワハラが報告されています。このため，悲しいことに自死を選ぶ労働者もいます。労働施策の総合的な推進並びに労働者の雇用の安定及び職業生活の充実等に関する法律（労働施策総合推進法）では，「職場において行われる優越的な関係を背景とした言動であつて，業務上必要かつ相当な範囲を超えたものによりその雇用する労働者の就業環境が害されること」を職場におけるパワーハラスメントとしており，事業者に雇用管理上の必要な措置を講ずることが義務化されました（第30条の2第1項，中小企業については2022年4月1日から義務化）。なお，労働者の同意を得ずに性的指向や性自認を暴露することもパワーハラスメントに該当しうるとされています。パワーハラスメントにおいても民事上，刑事上の責任が生じえます。パワーハラスメントの被害にあったら，がまんせず，すぐに相談をするなどSOSを出しましょう。

なお，大学でのセクシュアルハラスメントをキャンパスセクシュアルハラスメント，教育・研究上の地位を利用したハラスメントをアカデミックハラスメントと呼んでいます。加害行為をした本人が悪いのは当然ですが，大学は，学生との在学契約に基づき，学生の生命および健康が害されないよう修学環境を配慮する義務（安全配慮義務）があると考えられます。このため，セクシュアルハラスメントやアカデミックハラスメントが生じる環境を放置するのは上記義務違反となり，違法となります。これら大学におけるハラスメントについても，おかしいと思ったらとにかく早めに大学のハラスメント相談窓口に相談しましょう。自分でもわからないうちにストレスがかかっています。自分の大切な人生を守りましょう。

### ■就職活動と法

大学生の就職活動で気になる法律問題といえば，就活生へのセクシュアルハラスメントと内定取消ではないでしょうか。残念ながら，就活生へのセクシュアルハラスメントの深刻な被害は数多く報告されています。しかしながら，雇用機会均等法のセクシュアルハラスメントは雇用する労働者を対象とするものを問題としているため，就活生へのセクシュアルハラスメントは法律上の直接の対象とはなりません。そこで，就活生へのセクシュアルハラスメントの問題性を受けて，厚生労働省では「指針」を改正し，事業主が「必要に応じて適切な対応を行うように努めることが望ましい」などとしましたが（2020年6月1日適用），この程度の表現では残念ながら実効性に疑問が生じます。

次に内定取消の問題ですが，まず，内定については，内定通知により，始期付の解約権留保付労働契約という契約が成立するものとされています（大日本印刷事件，最二小判昭和54.7.20民集第33巻5号582頁）。ですから企業が企業側の都合で簡単に取消をすることはできず，客観的に合理的と認められ社会通念上相当として是認することができる場合でないと内定取消は認められせん。

これだけでも，法や契約は，みなさんの毎日の生活の前提となり，時にはみなさんを守る役目を果たしていることがおわかりになったかと思います。しかし，これからさらに重要なことをお伝えします。法の適用や契約関係は，複雑であることが多く，生半可な素人知識で決断，行動してしまうとかえって事態が悪化してしまうこともあります。

そこで，みなさんとしては，日々，法や契約の知識を蓄えることを前提に，自分一人で解決することを目指すのではなく，困ったことや起きてしまったことに対して，これは法律が解決してくれるかもしれないという，いわば法的な感覚をもつという意味のリーガル・リテラシー（Legal Literacy）を身につけることを目指してください。法的感覚のアンテナを研ぎ澄ますのです。そのうえで，状況を正確に認識し，きちんと記録しましょう。その記録をもって，自分1人で悩まずに，早期に信頼できる人や機関に相談するのです。ぜひとも大学生のうちに法的感覚という武器を身につけて，社会でたくましく生きていく助けになればと思います。

## 4 振り返りのポイント

・未成年者や社会的弱者を守る法がある。
・法的感覚を養うことが重要である。
・自分の権利を守る手段を知っておこう。

## 5 エクササイズ

クーリング・オフがどのような場合に，どのように行使できるか，各都道府県の消費生活センター等のウェブサイトなどで調べてみて，これを参考に，クーリング・オフの通知書面をつくってみましょう（しかし，先ほど述べたように，実際に法的トラブルにあった場合には，期間制限が迫っていない限りは原則として相談機関に相談しましょう）。

## 6 おすすめの本＆読むポイント

■山崎聡一郎『こども六法』（弘文堂，2019年）

子ども向けの本ですが，法律が何のためにあってどういった場合に関係してくるのか身近な例や具体的な例にあてはめてわかりやすく解説しています。法律を身近に感じることができ，役立つ本です。

■道幸哲也ほか編『学生のためのワークルール入門 アルバイト・インターンシップ・就活でトラブルにならないために』（旬報社，2018年）
■細川幸一『大学生が知っておきたい消費生活と法律』（慶應義塾大学出版会，2018年）

上記2冊はいずれも大学生が知っておくと有益な法的知識が載っています。この節で扱った消費者を守る法，労働者を守る法について，大学生に関わる場面で問題となりそうなことをさらにくわしく知りたい方におすすめです。

## 引用・参照文献

水町勇一郎，2020，『労働法〔第8版〕』有斐閣。
村千鶴子，2020，『Q＆Aポイント整理 改正消費者契約法・特定商取引法』弘文堂。
齋藤雅弘ほか，2019，『特定商取引法ハンドブック〔第6版〕』日本評論社。
菅野和夫，2019，『労働法〔第12版〕』弘文堂。

# 第 3 節

# 経済とキャリア

## *1* テーマのねらい

キャリアを形成するための土台には生活があります。生活とは，主に職業生活と家庭生活に分けられますが，そのいずれも経済と深く関わっています。そして，職業と家庭の両方の生活に関わる情報を，どのようにとらえて，何を重視していくかによって，キャリアの道筋は変わってきます。この節は，日常生活のなかの身近な経済について考えながら，みなさん自身の現在から将来につながるものの見え方をイメージできるようになることが目標です。

## 2 学習のためのヒント

・身近な生活のなかの経済情報にはどのようなものがありますか？
・自分にとっての“値段”はどのように測ればよいのでしょうか？
・将来のキャリアとエコノミーの知識はどのような関係があるのでしょうか？

## 3　キャリアの値段と自分らしさ

授業の“値段”を考えたことがありますか？ 試しに，学校に支払っている授業料から考えてみましょう。参考として，2018 年度の私立大学の授業料の平均は約 90 万円，国立大学の授業料は約 54 万円と報告されています（文部科学省，2019)。では，履修している授業の科目（単位）数はどのくらいでしょうか。たとえば，1 年間で 20 科目を履修するとします。すると，私立大学では 1 科目あたり 4.5 万円，国立大学は 2.7 万円となります。通常の授業は 15 回ありますので，1 回あたりの値段が計算できましたね。実際には施設利用や実験・実習，保険などがありますので，それほど単純ではありませんが，おおよその目安にはなります。

さて，金額としての値段がでましたが，もう 1 つ大切な値段の考え方があります。それは，自分自身にとっての授業の“価値”です。たとえば，授業 1 回が 2000 円だとします。実際に受講している科目を思い出してください。ちょうど 2000 円くらいだと思う授業もあれば，5000 円払っても満足だと思える授業，100 円だったとしても意味がないと思う授業など，授業ごとで値段が違ってくるのではないでしょうか。

みなさんは，これからの生活のなかで，さまざまな値段と関わることとなります。そして，その値段は，実のところ，とても移り気です。すごく興味のある A というアルバイトは時給 1100 円，まったく興味がないアルバイト B の時給は 1300 円。少しでも多く収入を得たい事情があれば，差額の 200 円は自分の興味よりも重要なことですね。または，アルバイト A がずっと憧れていた仕事であれば，200 円という差額はそれほど魅力的には感じないかもしれません。けれども，悩んでいるうちに，アルバイト B の時給が 1500 円になったとすれば，どうでしょうか。ここからは，人生のなかで出会う“値段”について考えながら，自分自身にとってベストだと思えるようなエコノミー視点のキャリアを探ってみましょう。

## ■職業生活の値段を考える

### ①収　入

自分のキャリアを歩むうえで，収入は欠くことができない要素です。「お金で買えないものがある」と言われればその通りなのですが，それでも「先立つものがないと前に進めない」ということもまた事実です。収入に関するデータをみると，2018年度の民間の給与所得者の平均給与は441万円でした（国税庁，2019）。平均ということは，もっと多い人もいれば，もっと少ない人もいるということになります。それでは，どのような人が「多い人」で，どのような人が「少ない人」なのでしょうか。たとえば，ニュースなどで都心の有名な会社だと給料が高くて，地方の小さな会社だと給料が低いという話を聞いたとします。この情報がみなさんにとってどのような意味をもつのかについて考えていきましょう。

まず，インターネットで「年収」「ランキング」と入れて検索してみてください。職業・職種別，企業別，都道府県別など，たくさんの情報が出てきます。さて，これらの情報から，「都心の有名な会社」の給料と「地方の小さな会社」の給料を比較するにはどうすればよいでしょうか。そもそも「都心」を東京や大阪だと考える人もいれば，県庁所在地をイメージする人もいます。同じように，「地方」と聞いて，自分にゆかりのある土地を思い浮かべる人もいれば，自分が働きたいと思う市区町村をイメージする人もいるかもしれません。

ここで，もう一度，今考えるべき命題を思い出してください。「都心」と「地方」の比較といった単純なことではなく，「都心×有名な会社」と「地方×小さな会社」を比べることでした。つまり，「都心」と「地方」という要素に加えて，「有名な会社」や「小さな会社」をどのように設定するかも考えなくてはなりません。

そこで，たとえば「有名な会社」を自分が知っている会社と設定して調べる方法があります。しかし，その会社を知っているかどうかは，個人の主観的な基準となりますので，一般的に有名だと断定はできません。そこで，人気企業ランキングに出てくる会社を調べることを思いつきます。同じように，「小さな会社」についても，従業員数が少ない会社だと設定することも，売上高の情報から「大きい」「小さい」を判断することもできます。

さて，何か気づいたことはありませんか。要するに，同じ命題を調べる場合であっても，「調べる本人が何を知りたいか」によって，比較するものが変わってくるのです。それでは，みなさんは，どのような指標を使って比較しますか？ 案外，調べてみると，「都会」であることや「有名」であることは，「給料が高い」ことと関係はないかもしれませんよ。

**WORK**

年収ランキングをみると，同じ厚生労働省「賃金構造基本統計調査」のデータを引用しているサイトなのに，数値が異なっていることがあります。これらの違いの理由を考えてみましょう（ヒント：調査年，年齢，性別，地域，雇用形態など）。

②労働時間

「仕事だけの人生なんてつまらない」と考える人が増えてきています。たとえば，『平成30年版 子供・若者白書』（内閣府，2019）では，「仕事より家庭・プライベートを優先したい」若者が増加していると報告されています。けれども，他方で，同じ白書によると，若者が仕事を選択する際に「自分のやりたいことができること」も重視していることを示しています。もちろん，ノー残業で早く帰宅して，プライベートを大切にしたいと考えることは当然ですが，仕事にやりがいを感じたいと考えるのであれば，その仕事に興味をもって向き合う時間が必要です。みなさんも，興味のあることを続けているうちに，どんどん上達していき，もっと続けたいと思った経験があるのではないでしょうか。そうであれば，単純に「労働時間が短い」ということだけが「よい仕事の条件」とは言えなそうです。そこで，労働時間について具体的に考えてみましょう。

日本の企業には，長時間働いていることを，責任感ややる気がある根拠として評価する文化が残っています。たしかに，時間をかけるほど仕事をさばけますし，それに応じた成果が出ますので，一概に間違いだとは言えません。ワーク・ライフ・バランスと言われる時代に，仕事だけの生活なんて，時代遅れだと思う人も多いでしょう。しかし，仕事に打ち込むからこそ，その重要性やおもしろみに気づくものですし，なにより，仕事に夢中になって向かい合い，同僚や上司とチームとして成果を上げた達成感はなにものにも代えがたいものです。

だからといって，「責任」や「やりがい」を理由に，休憩・休暇もなく働き／働かせ続けることは問題です。長時間労働が問題視されるようになったのは，「過労死」が社会問題となったことがきっかけです。過労死は「Karoshi」として国際語にもなっています。この章の２節で労働時間についての法律があることを学びましたが，現在は，会社の責任として，社員の労働時間を把握することが義務づけられています。

また，ワーク・ライフ・バランスへの関心から，最近は，有給休暇の取得を促し，独自の休暇制度を取り入れる会社も増えてきています。たとえば，仕事と家庭の両立のためにフレックスタイム制やテレワークを導入したり，自己啓発休暇やバースデー休暇などリフレッシュのための休暇制度によって社員の仕事への意欲を高めたりなど，新しい試みが始まっています。

とはいえ，いまだに日本の育児休業取得率は，女性が８割を超えるのに対して，男性は１割にも満たない状態です。これは，パパの育児への意識が低いといった単純な問題ではありません。労働時間の問題はとても難しく，その時々の会社や仕事，個人を取り巻く状況によっても異なります。誰もがやりがいをもてるような働き方（ディーセント・ワーク）については，取り組みが始められたばかりです。だからこそ，労働時間や働き方については，１人ひとりが当事者として考えていかなければならない重要な問題なのです。

**WORK**

① OECDの統計データなどをもとに日本と世界の労働時間と育児休業取得率を比較しましょう。また，残業時間が少ない国や育児休業取得率が高い国がどのような制度を導入しているのかを調べましょう。

②日本の労働時間と育児休業取得率を男女で比較しましょう。男女で違いがある理由を考えてみましょう。

### ■家庭生活の値段を考える

#### ①生活費と自己投資

「生活費」と聞いて思いつく項目を挙げてみてください。「食費」「日用品費」「医療費」「固定費（住居費・光熱費・通信費・保険料など）」「交通費」といった毎日の生活で欠くことができない費用があります。加えて，毎日の生活には，直接的には重要ではないものの，「娯楽費」や「美容・健康費」なども大切な項目ではないでしょうか。さらに，キャリア形成の鍵となる項目として「自己投資」があります。

ところで，みなさんの今月の支出額はどのくらいでしたか？ 先に挙げた項目で計算をしてみましょう。次に，その金額を前の月と比べてみてください。支出は，前の月よりも多かったですか？ それとも少なかったですか？ おそらく，比べた結果を見て，支出が多かった場合は「無駄遣いがあったかも」と思い，支出が少なかった場合は「節約できた」と思ったのではないでしょうか。日本人は節約が好きな国民だと言われています。裏を返すと，貯金が好きということかもしれません。しかし，節約や貯金の意味を，金額だけで測るのはとてももったいないことです。

たとえば，頑張ったご褒美のちょっとした贅沢は無駄遣いでしょうか。もっと現実的なこととして，資格取得のための書籍代や受検料，公務員試験や就職活動のための講習費はどうでしょうか。結果として資格取得ができなければ，無駄遣いだということになるのでしょうか。おそらく資格は取得できなかったとしても，専門知識を増やすことができたことで，将来の仕事に役立つ可能性はあります。このように，自分の気持ちを満足させたり，能力・スキルを高めたりするための「自己投資」は，金額からは見えてこない将来に向けた貯金だといえます。

なかには，アルバイトをしても，毎日の食費でさえ苦しいのに，自己投資なんてできるわけがないという状況に直面している人がいるかもしれません。どうしようもなくなったときは，まず，大学や専門家に相談をすることが大前提ですが，そもそも大学の授業料も自己投資の1つです。大切なことは，そこにかけている費用をどのようにとらえるかということなのです。

実は，将来に向けた計画と生活費の節約や貯金とは，密接した関係をもっています。留学をするために貯金をするといった計画はわかりやすい例の1つです。もっと先の未来の計画だと，地域活動やボランティア活動をしたときにできた仲間のネットワークが，数十年後に新しいビジネスを立ち上げる際につながってくる可能性だってあります。

とはいえ，すべての自己投資や経験が，直接的に将来の利益に結びつくわけではありません。もしかすると，節約のためと毎日お弁当を作り，家事を工夫した経験が，将来，共働きをしながら家事・育児を担うときに生かされるというような，間接的な利益だってありうるわけです。いま現在の生活や経験が，未来のキャリアにつながっていくことを意識しながら，自分らしくお金を使うことが，将来の貯金を増やすことにつながるのです。

②社会保障

日本の社会保障制度は，「社会保険」「社会福祉」「公的扶助」「保健医療・公衆衛生」の4つの柱から成り立っています。これらは，みなさんの生活や健康，失業や貧困といった労働などの場面で困ったときに，重要な役割を担ってくれます。ここでは，社会保険の1つである「年金」がどのようにキャリアと関わってくるのかを考えてみましょう。

日本では，国内に住んでいる20歳以上60歳未満のすべての人が年金加入を義務づけられています。つまり，国籍に関係なく日本に住んでいる間は，留学生も年金を支払わなくてはなりません。ただでさえ「年金はあてにならない」と言われているのに，卒業後は，母国に帰国するかもしれない留学生であればなおさら，年金は払いたくないと考えてしまうのは仕方がないことかもしれません。しかし，本当に年金はあてにならないものなのでしょうか。

みなさんが，年金はあてにならないと考えている理由は，老後に給付される金額にあるのではないでしょうか。年金に限らず，社会保障制度は，「自助（自分のことは自分で守ること）」「共助（家族，企業や地域コミュニティで共に助けあうこと）」「公助（行政による救助や支援のこと）」の組み合わせが基本となっています。ですから，自助の部分で考えると，自分が支払った年金額が老後にもらえる年金額よりも多いのであれば，年金を払うよりも，自分で貯金したほうが理にかなっているということになります。けれども，年金には共助という側面もあります。つまり，みなさんが支払った年金は，いま年金を受給している人たちに支給されるものであって，みなさんが老後になるまで貯蓄されるものではありません。言い換えると，みなさんが年金をもらうときには，自分の積み立てたものではなく，そのときに年金を支払っている人たちのものから支給されるのです。

さらに述べると，年金給付額の一部は国が負担していますし，会社員であれば厚生年金の保険料の半分は会社が負担しています。ここで，国民年金と厚生年金について調べてください。国民年金と厚生年金の違いがわかったところで，具体的に年金額について考えましょう。現在，国民年金支給額は月に約 6.5 万円です。ひと月にそれだけしかないと思うと不安になりますが，これに厚生年金支給額を足すと，ここ数年の平均受給額は月に 14 万円ほどのようです。会社員として 40 年間勤務した夫と専業主婦の妻の 2 人で生活している場合は，夫の 14 万円と妻の 6.5 万円で世帯収入は合計 20.5 万円となります。もちろん，年収や加入期間によって金額は違いますし，そもそも年金額は変動しますので，必ずしも同じくらいの年金が受給できるとは限りません。しかし，老後に少しでも受け取れるお金があったほうが安心という考え方もできます。

また，年金は老後にだけ関係するのではありません。現役時代にも病気やケガで障害の状態になった場合には，「障害給付」を受けることができますし，もし死亡してしまった場合は，遺族に対して「遺族給付」が支払われます。万が一のことが起きてほしくはありませんが，老後と比べて，現役世代は教育費やマイホームなどの出費が多く，なかなか貯金ができません。そのようなときに，年金がセーフティネットとなる可能性があるのです。

たとえ年金のことを理解できたとしても，みなさんのように，学生の立場で年金を支払うのは大変ですよね。学生や所得が少ない方，または失業した場合などは，猶予や免除の制度があります。また，留学生や外国人で，日本を離れることとなった場合，「脱退一時金」として払い戻しを受けることができるなど，いくつか方法があります。留学生の場合は，ビザの更新や変更のときに年金の支払い状況を審査されることもありますので，注意が必要です。

社会保障制度は，みなさんの生活やキャリアに大きく関わってくることです。関係ない，どうせ意味がないと放置するのではなく，どのような制度なのかを調べてから判断するようにしましょう。

## 4　振り返りのポイント

・情報元やデータが同じであっても，何を重視するかによって見え方が異なることを意識する。

・実際の数値と自分らしさのバランスを考えながら，“値段”を見える化してみる。

・エコノミー視点を踏まえながら，将来のキャリア計画をイメージする。

## 5　エクササイズ

### ●未来家計簿で予測してみよう

10年後の生活を予測しながら，次の項目について考えてみましょう。その際に，自分にとっての価値がどこにあるのかをメモしておきましょう。

「職業・雇用形態」「家族構成」「予測される年収」「生活費（必要経費・自己投資などを含む）」「社会保障（社会保険・年金など）の状況」

## 6 おすすめの本＆読むポイント

■イヴァン・イリイチ『シャドウ・ワーク――生活のあり方を問う』（玉野井芳郎・栗原彬訳，岩波文庫，2006年）

市場経済には，賃金が支払われる労働（賃金労働）と賃金が支払われていない労働（無償労働）があります。どちらも人が生活を営むうえで重要なものですが，私たちは無意識に無償労働を“影”として価値づけてきました。なぜ“影”となったのかを考えてみましょう。

■本田由紀『軋む社会――教育・仕事・若者の現在』（河出文庫，2011年）

「〈やりがい〉の搾取」を考えるための必読本です。「好きなことをしているから」「誰かのために必要だから」「自己実現につながるから」といった，「働く側」の〈やりがい〉を理由に，報酬や対価を搾取している「働かせる側」といったことについて，どう考えますか？

■深沢真太郎『仕事で数字を使うって，こういうことです――数学女子 智香が教える』（日経ビジネス文庫，2019年）

経理やマーケティングといった部署でなくても，仕事のなかでは数字を扱うことが多くなっています。数学は苦手だけど，仕事で数字が使われるイメージをつかみたいと思った方は，気軽に読める本です。

### 引用・参照文献

国税庁，2019，「平成30年分民間給与実態統計調査結果について」（https://www.nta.go.jp/information/release/kokuzeicho/2019/minkan/index.htm〔2021年2月閲覧〕）

文部科学省，2019，「私立大学等の平成30年度入学者に係る学生納付金等調査結果について」（https://www.mext.go.jp/a_menu/koutou/shinkou/07021403/1412031_00001.htm〔2021年2月閲覧〕）

内閣府，2019，『平成30年版 子供・若者白書（概要版）』（https://www8.cao.go.jp/youth/whitepaper/h30gaiyou/index.html〔2021年2月閲覧〕）

# 第 7 章

# 世の中を多角的にみる

私たちは生きているなかで，多くの価値観と出会います。そして，それらの感じ方は，少し見方を変えてみたり，違う部分に向き合ってみたりすることで変わってくることがあります。また，世の中の常識も，時代の流れとともに変化していきます。この章では，自分も他人も尊重しながら，多様な見え方があることを感じてみましょう。

# 第１節

# 生命とキャリア

## 1　テーマのねらい

私たち人間は，“いのち”に関わる技術が向上することを願い続けてきました。健康に長生きをしたい，強く美しくありたいといったようなことは，誰もがもっている希望かもしれません。そして，それらの希望を叶えるために，たくさんの人々の努力や苦労が積み重ねられ，現在の医療技術につながっています。しかし，医療技術の進歩と同時に，「生命を操作する」ことが問題視されるようになりました。この節では，誕生にまつわる“いのち”の問題と向き合いながら，１人の人間として，どのように生きていくのかということについて考えるための視点をもつことが目標です。

## 2　学習のためのヒント

・医療技術が抱えている“いのち”の問題とはどのようなことでしょうか？
・医療技術は，生き方やキャリア形成にどのように関わってくるのでしょうか？
・“いのち”を尊重した選択とは，どのようなものなのでしょうか？

## 3 “いのち”の選択とキャリア形成

日本人の平均寿命は，毎年，延び続けていると言われています。たとえば，明治時代の平均寿命は40代だったとされていますが，今では100歳まで生きるといわれる時代になりました。しかし，この平均寿命のデータには少しだけからくりがあります。昔の人々が今よりも短命だったのかというと，必ずしもそうとはいえないのです。明治時代であっても，50歳を超えることが珍しかったというわけではなく，もちろん80歳，90歳まで生きた人もいました。

それでは，明治時代と現在とで何が異なるのかというと，誕生の部分，つまり“いのち”が宿った段階から乳幼児までの間を生き抜ける可能性の高さが関係しています。昔は栄養状態や病気などで赤ちゃんのうちに死んでしまうことも多かったのです。今では，赤ちゃんのときに予防接種を受けられるようになっていますし，たとえ小さなまま生まれてきても，そこから生命をつなぐための医療技術があります。また，母子手帳などを通して赤ちゃんとお母さんを支える医療体制も整備され，日本は赤ちゃんが無事に育つ国となりました。それが，平均寿命の長さにつながっています。

さて，赤ちゃんが無事に育つようになったと聞くとホッとするかと思います。しかし一方で，医療技術の発展でお腹のなかにいる赤ちゃんのことがわかるようになったからこそ，消えてしまう命があることも事実です。このように，“いのち”に関わることには，さまざまなとらえ方があります。ここからは，生命と家族，そしてキャリアという切り口から，何が問題となるのかについて考えていきましょう。

### ■家族のかたちは１つだけ？

あなたの将来の家族構成をイメージしてください。結婚はしていますか？子どもは何人でしょうか。高度経済成長期以降，夫と妻がいて，そこに２人の子どもがいる４人家族が“標準世帯”だといわれてきました（総務省統計局，2004)。さて実際には，みなさんの周りの家族構成はどうでしょうか。おそらく，夫婦２人と子どもといった家族構成だけではなく，世帯主１人のみ，夫婦２人，親が１人で子どもが複数人など，いろいろなケースがあるのではないでしょうか。さらに近年は，親が３人以上といった形の家族もあります。子どもの数だけでなく，親の数もさまざまだということは，夫婦や家族のかたちに対する考え方が多様化したことに加えて，生殖医療技術の進歩とも関係があります。

たとえば，独身者，不妊や同性のカップルなどで，自分たちが子どもを妊娠・出産することは難しいけれども子どもを育てたいと思った場合，養子や里親に加えて，生殖医療という選択ができるようになりました。生殖医療には，不妊治療，精子・卵子の凍結保存や第三者提供，代理母など，多様な選択肢が知られるようになっています。そうなると，遺伝的なつながりだとか，母親が妊娠・出産したかどうかといったような"親子のふつう"には，もはやこだわる理由はなくなってきているように思えます。ところが実際には，この生殖医療によって，"ふつう"をめぐるさまざまなジレンマがもたらされているといった側面があります。それでは，具体的にみていきましょう。

### ■生殖医療技術とキャリアの関係

生殖医療には，①避妊や人工妊娠中絶といった妊娠・出産をしないための技術，②不妊治療で知られる妊娠・出産を促すための技術，そして，③代理母や出生前診断などの受精卵や胎児を扱う技術があります。これらの生殖医療技術とキャリアは，どのように関わり，どのようなジレンマをもたらしているのでしょうか。

#### ①妊娠・出産をしないための技術とキャリア

みなさんは大学生ですから，ほとんどの方の年齢は18歳以上です。つまり，日本の法律では結婚が可能な年齢ではあります。加えて，妊娠や出産に適した年齢は20代と言われていますから，大学生が妊娠・出産や子育てをしていても不思議はありません。しかし，みなさんの周りを見ると，おそらく子育てをしている大学生は少ないのではないでしょうか。このことは，厚生労働省による人工妊娠中絶実施率の調査で，20～24歳といった大学生と重なる年齢階級が他の年齢階級と比べて高いといったことと関連しているかもしれません。

よくドラマなどで，いずれ結婚しようと考えていたとしても，大学生だから経済的な問題や将来のキャリアのために「堕(お)ろすほうがよい」といったシーンがあります。たしかに，学生の身分ですので経済的な問題はあります。ただし，誰かを頼ったり，出産や子育ての経済的支援制度を利用したりすることはできるかもしれません。または，大学を休学することで就職に不利になるかもしれないという理由であれば，ほとんどの会社は，休学したことや子どもを育てているというだけで不採用にすることはありません。学問との両立が大変だということであれば，それは何歳であっても，会社員であっても仕事と子育ての両立は簡単なことではありません。

ここで考えてほしいのは，「堕ろす」という行為が何を意味するのかということです。人間が妊娠する確率は他の哺乳類と比べてもとても低いことが知られています。それだけに，いのちを授かることが，大学を卒業したのちも“簡単”である保証はありません。また，どんなに小さないのちであっても，生きています。それを「なかったこと」にしようとするのですから，手術をする女性には，身体だけではなく，心にも大きな負担がかかります。だからこそ，普段から，大学生としてのキャリアといのちを授かることについて，友達やパートナー，そして家族とも一緒に真剣に考えておくことが大切なのです。

**WORK**

大学生が子どもを育てることになった場合に，どのような生活の変化があるのかを話し合いましょう。また，その際に相談できる人・場所，利用できる支援や制度を調べましょう。

②妊娠・出産を促すための技術とキャリア

現在，日本で不妊に悩んでいるカップルは，5〜6組に1組と言われています。不妊の理由は，年齢による生殖機能の低下，生殖に関わる病気やストレスなどの精神的な影響とさまざまです。ただし，これらのカップルが抱える身体の問題は，医学的には生死を左右するものではありません。カップル双方の生殖器に何も問題がなかったとしても，なぜか妊娠できないことがあるほどです。ですから，不妊治療は，妊娠できない原因となる身体の問題を治療することが目的ではありません。そのため，健康保険が適用されない治療がほとんどです。

不妊治療には，主に「人工授精」「体外受精」「顕微授精」といった生殖を補助する技術があります。いずれも，人の手を加えることにより妊娠を促そうとするものです。そこで，3つの技術の違いを，どこで人の手が加えられているのかという点でみていきます。

まず，精子と卵子が「出会いやすくする」ために操作される治療が人工授精と体外受精です。違いは，人工授精は子宮の中，体外受精は子宮の外という部分です。つまり，体外受精は，出会いやすくするために，「卵子を子宮の外に取り出す」という操作が加わります。同じように，顕微授精も子宮の外で授精を試みますが，その違いは「精子を卵子に直接注入する」という操作が加わることです。そのため，体外受精と顕微授精は，「受精卵を子宮に戻す」という操作も必要になってきます。

さて，これらの治療とキャリアがどう関わるかといった話に戻ります。たとえば，不妊の原因が男性にあるカップルが不妊治療を開始したとします。男性は，病院で精子採取が行われ，治療は完了です。不妊に明確な原因がなかったとしても，女性は，排卵をコントロールするための注射や子宮の状態をみるための通院から始まり，排卵のタイミングに合わせた採卵手術などが行われます。その後，無事に受精卵が誕生したら，その受精卵を子宮に戻す手術が行われます。そこから，受精卵の着床確認のための通院が始まります。無事に着床したことが確認され妊娠となって，不妊治療はようやく完了です。1回で妊娠したらラッキーですが，受精卵が誕生しなかったり，着床しなかったりすると，再び排卵のタイミングに合わせて治療開始となります。

このように，女性は，治療を続けている間は，ほぼ毎日，何らかの妊娠するための調整をしなければなりません。特に，毎日の注射や通院，手術が排卵周期にあわせて続きますので，仕事との両立はとても大変です。それでも，これらの治療費は，ほとんどが自費診療で高額になりますので，治療を続けるためにも仕事を続けたいと考えるカップルは多くいます。

また，不妊治療と仕事の両立が困難な理由として挙げられることには，不妊治療をしていることを会社では，誰にも打ち明けられないといった悩みがあります。それは，不妊治療と聞くと，“自然ではない”妊娠，女性に原因がある，治療が何年続くかわからないなど，さまざまな偏見をもたれ，好奇の目で見られるのではないかといった心配があるからです。“自然な”妊娠であったとしても，はっきりしないうちは，会社に打ち明けることを躊躇するものですから，不妊治療の場合は，それ以上に心理的な負担がかかっているのかもしれません。

さらに，不妊治療を経て誕生した子どものキャリアを心配して，誰にも打ち明けないケースもあります。この点については，次のトピックスで考えましょう。

**WORK**

不妊治療は，キャリアにどのような影響を与えるのかを考えましょう。そのうえで，不妊治療と仕事の両立がしやすくなるために必要なことが何かについて話し合いましょう。

③受精卵や胎児を扱う技術とキャリア

生殖医療の進展にともない，これらの技術は，必ずしも夫婦だけの治療というわけではなくなってきています。それは，受精卵を取り扱うことができるようになったということと関係しています。このことは生命倫理の領域で多くの議論がされていますが，ここでは「どんな事情で生まれた子どもか」と「誰の子どもか」の２つに絞ってみていきます。

②では不妊治療による妊娠のことを“自然ではない”妊娠と考える人たちがいることに触れました。たしかに，人の手が加えられてはいますが，それでも受精卵となるかどうかは“自然”に任せるしか方法がないのが現状です。そして，その不妊治療に，今ではなく，数年先の未来の我が子を託す人たちがいることもまた事実です。

たとえば，思春期・若年成人（AYA：Adolescent and Young Adult）世代のがん患者が，がんの治療が始まる前に卵子や精子の凍結をすることで，子どもを授かる可能性を残すといったことがあります。抗がん剤や放射線治療による影響によって，子どもをあきらめるしかなかった時代に比べて，新たな選択肢ができたことは，闘病の支えにもなるといわれています。

さて，みなさんは，このように病気によって妊よう性（妊娠するための力）が失われることに対する解決方法の１つとして，卵子・精子凍結が選択されることについてどう思いますか？ それでは，その妊よう性の温存の理由が，病気ではなく年齢や同性愛であったとしたらどう感じるでしょうか？ 若いうちは独りの生活を楽しみ，落ち着いてから子どもがほしいという理由で卵子・精子の凍結保存を選択することは，わがままなのでしょうか。おそらく，さまざまな考え方や意見があるでしょう。しかし，大切なことは，どのような事情によって生まれてきたとしても，同じ大切ないのちであることに変わりはないということです。

とはいえ，子どもの側からすると，自分が誕生した背景は気になるものです。皮肉なことに，受精卵や胎児を扱う技術が発展したことで，誰の事情によって，どのような期待をされ，誰から生まれてきたのかということが，あいまいになってきているようです。先の事例のように，何らかの理由で卵子・精子を凍結保存していたとします。しかし，女性側が産むことができない，または男性側の精子が採取できないといった事情が生じた場合は，第三者に生殖医療の手助けをしてもらう必要があります。これが，代理母や精子・卵子バンクといった問題につながります。

夫婦の精子と卵子による受精卵を第三者の女性が妊娠，出産した場合，遺伝的には夫婦の子どもですが，誰のお腹で育って生まれたかというと，妻ではない女性からということになります。精子・卵子バンクの場合は，もっと複雑です。夫婦が合意して子どもを望んでも，夫または妻以外の男性や女性の精子・卵子によって誕生した受精卵を，妻が妊娠・出産する場合，父子または母子の遺伝的つながりはないということになります。

さらにもう１つ，考えなければならないポイントがあります。それは，親が子どもに何を期待しているかということです。現在，生まれてくる子どもがどのような子どもかを診断する方法があります。着床前診断や出生前診断といわれている検査です。受精卵や胎児の遺伝子や染色体を調べて，先天的な病気や異常を診断するわけですが，遺伝子を操作するこのような技術は，親が望んだ遺伝子を組み込むことも可能としました。デザイナーベイビーといわれ，さまざまな議論が起こっています。

このように，受精卵や胎児を扱う技術によって生まれてきた子どもは，多様な背景を抱えることになります。けれども，どんな背景であっても，人間として生まれ，社会で自らのキャリアを歩んでいく権利があることは，“自然に”生まれてきた子どもと同じなのです。

**WORK**

代理母や精子・卵子バンクなど，生殖ビジネスが話題になっています。それらのビジネスについて調べ，何が問題なのかを議論しましょう。

## ■見えない問題とキャリア

生殖医療は，普段は健康な男女のための医療技術であるため，それに関わっている人たちの問題はとても見えにくくなっています。それだけに，日常生活では，まるでなにも問題がないように思われます。けれども，実際には，さまざまな不安を抱えていることが多く，誰にも理解されないのではないかと思い，独りでそれらに向き合わなければならない大変さがあります。とはいえ，見えないことを共有することは難しいですよね。だからこそ，誰に対してもお互いに尊重し合うことが解決の糸口となるかもしれません。

さらに言うと，個人の問題の有無にかかわらず，仕事や社会に対する責任はあります。たとえ問題を抱えていても，仕事に対するプロフェッショナル意識と責任のあり方を考え，誠実に向き合うことは大切です。不安を抱えながら仕事に向き合うことは，簡単なことではありません。しかし，そこから，状況や考え方がちがう人ともお互いの信頼関係がうまれ，そのうちに，自分らしい生き方やキャリアについて理解してもらえる日がくるかもしれません。

## 4 振り返りのポイント

・家族のかたちは多様化している。
・生殖に関わる医療技術は，自分だけではなく子どものキャリアとも関連してくる。
・事情や背景にかかわらず，お互いを尊重し合うことが「見えない問題」解決の糸口となる。

## 5 エクササイズ

生殖医療の発展によって生じる「見えない問題」にはどのようなものがあるのかを整理し，それらの問題に対する考え方や意見を交換しましょう。さらに，問題を解決する方法を話し合いましょう。

## 6 おすすめの本＆読むポイント

■加藤秀一『知らないと恥ずかしい　ジェンダー入門』（朝日新聞社，2006年）

性に関する社会の見方や考え方をわかりやすく問うている本です。「自然」「あたりまえ」「ふつう」という言葉に隠された意味や正しさについて考えるきっかけとなるかもしれません。

■富永京子『みんなの「わがまま」入門』（左右社，2019年）

社会の課題を議論するとき，価値観や考え方によって，それぞれの正しさや要求は異なります。そんな異なりからお互いを「わがまま」だと思って否定してしまうことも多いですが，この本を読めばもっとわがままになって自由に意見を出し合うことのおもしろさを感じられるかも？

## 引用・参照文献

石原理，2010，『生殖医療と家族のかたち――先進国スウェーデンの実践』平凡社新書。
小林亜津子，2014，『生殖医療はヒトを幸せにするか――生命倫理から考える』光文社新書。
総務省統計局，2004，『家計調査用語の説明』「世帯と世帯員（3）世帯の属性分類」（https://www.stat.go.jp/data/kakei/2004np/04nh02.html〔2021 年 2 月閲覧〕）。
柘植あづみ，2012，『生殖技術――不妊治療と再生医療は社会に何をもたらすか』みすず書房。

# 第 2 節

# テクノロジーとキャリア

## 1 テーマのねらい

この節はテクノロジーとキャリアについて扱います。テクノロジーという言葉の意味はとても広いため，ここでは「AI」とそれに関連する技術に着目します。具体的には「AI に奪われる職業」について，みなさん自身がどのようにテクノロジーの進歩と向き合うかを考えていきます。「AI に奪われる職業」はこれから就職活動を行うみなさんにとっては，大きな問題だと思います。しかし，表面的な情報にとらわれることなく，自分自身でこの問題に対してどのように向き合うかを考えることができるようになることが目標です。

## 2 学習のためのヒント

・AI とは，具体的にどのようなものですか？

・AI や新たなテクノロジーの出現により，自分自身にどのような影響が出た（出る）と思いますか？

・AI やテクノロジーの開発や進歩が期待される将来，あなたはどのように振る舞っていけばよいでしょうか？

## 3 「AI に奪われる職業」とは何か？

「AI に奪われる職業」という話は，みなさんも聞いたことがあると思います。SF 映画などで，ロボットや AI が活躍したり，人類と戦ったりするシーンを目にした人もいるのではないでしょうか。AI とは「Artificial Intelligence」の頭文字をとった略語です。日本語では人工知能と訳されますが，AI と呼ばれることも多いので，本書では AI と統一して表記します。

大学で「AI に奪われる職業」に関する話をすることがあります。多くの学生は「不安」や「怖い」という感想をもっているようです。これから社会に出ていこうとしている若い世代にとっては，そのように感じるのは当然かもしれません。

では，具体的に「AI に奪われる職業」について見ていきましょう。ここでは，第 6 章 1 節「情報とキャリア」で学んだことを思い出してください。情報をどのように解釈していくかを考えながら読んでいきましょう。

「AI に奪われる職業」は 2013 年に英・オックスフォード大学の研究者であるフライとオズボーンによって発表された論文「THE FUTURE OF EMPLOYMENT（日本では「未来の雇用」と訳されることが多いです）」（Frey & Osborne, 2013）が契機となり，全世界で話題になりました。この論文では，今後 10 年〜20 年以内に 47% の仕事が自動化されてしまう可能性が高いというシミュレーションの結果が出ています。

この発表に関連して，日本では野村総合研究所が検討を行い，日本人の 49% がいずれなくなる職業に就いている（野村総合研究所，2015）といった報告をまとめました。日本でも，これらの結果は多くの新聞やビジネス誌を中心に頻繁に取り上げられ，ロボットや AI によって多くの仕事が奪われたり代替されたりするという報道が繰り返し行われるようになりました。

これらの情報を，単純に解釈すると「日本の職業の 49% はなくなるのか……」「同級生のうち半分が就職できないのか……自分はどうだろう……」と見ることができそうです。これでは，学生のみなさんが不安になるのも当然です。しかし，第6章で学んだことを振り返ってください。第6章1節では，バイアスについて学びました。もしかすると，みなさんは，以下のようなバイアスに影響されていませんか？

・オックスフォード大学の研究者（外国のすごい大学のすごい人），野村総合研究所（日本最大手のシンクタンク）が言っているのだから間違いない！
・ロボットやAIが登場する未来の世界を描いた映画も見たし怖いな……
・そもそもAIとかよくわからないし……

しかし，これは本当でしょうか？ ここでは「AIに奪われる職業」に関する情報を深掘りしていきます。具体的には（1）そもそもAIとは何なのか？（2）職業が奪われるとはどういうことか？ の2点に着目して話を進め，（3）奪われないためにはどうすればよいかを考えていきます。

### ■そもそもAIとは何なのか？

#### ① AIの定義

「AI」や「人工知能」という言葉そのものは誰しもが聞いたことがあると思います。では，具体的にどのようなものをAIというのでしょうか。SF映画に出てくるロボットをイメージする人もいれば，コンピュータのなかで動作する高性能なソフトウェアをイメージする人もいるでしょう。では，学術的な世界ではAIとはどのようなものを指し，どう定義されているのでしょうか。人工知能学会が刊行している『人工知能とは』という本の冒頭には，このように書かれています。

> 実は，人工知能とは何かについては，研究者の中でも明確な定義が定まっておらず，さまざまな考え方があります。（人工知能学会監，2016：p. iii）

明確な定義が定まっていないということが，「AIに奪われる職業」を考えたり解釈することを難しくしている原因のようにも思えます。しかし，研究のアプローチや立場によって定義が異なるということは学術の世界では決して珍しいことではありません。『人工知能とは』では，その曖昧なAIの定義を，日本の著名なAI研究者へのインタビューを通して探る内容になっています。ただし，さまざまな立場があるとはいえ，相反するような定義が行われているわけではありません。代表的な定義として紹介されている以下の3つをベースに考えていきましょう。

・人工的につくった知的な振る舞いをするもの
・知能をもつメカ，ないしは，心をもつメカ
・人間の頭脳活動を極限までシミュレートする（コンピュータソフトウェア）システム

これらの内容を踏まえると，AIを一義的に定義することは難しいものの，「人工的につくられた（メカやシステム）」という点は共通しているようです。また，「知的」や「知能」といった単語の解釈が難しいのですが，知的な振る舞いや人間の頭脳活動など「人間のように振る舞う」というところに共通性があるようです。では，この定義をベースに，具体的にどのようなものがAIなのか見ていきましょう。

②ドラえもん・Pepper・RoombaはAIか？

ここでは，「ドラえもん」「Pepper」「Roomba」の3つのロボットを扱います。それぞれのロボットの特徴を表7-1にまとめました。これらのロボットは，AIと呼べるでしょうか。①で考えた3つの定義を思い出してみましょう。

ドラえもんは，人間の活動のほとんどすべてを行います。先の定義に当てはめると，人間の頭脳活動を極限までシミュレートした存在といえそうです。これを踏まえると，間違いなくAIであると考えられます。

では，Pepperはどうでしょうか。ドラえもんのように，自分の意志で動いたりすることはありません。しかし，感情の認識と表現に優れている特徴を踏まえると「心をもつメカ」に近いと考えられます。また，人間の活動・仕事の一部を代替して行っていることも踏まえるとAIと言ってよさそうです。

表 7-1　各ロボットの特徴

| 名　前 | 特　徴 |
| --- | --- |
| ドラえもん | (架空の) 猫型ロボット。子守ロボットとして開発された。自分の意志で行動し，話す，食べる，感情をもつなど人間と同様に振る舞う。 |
| Pepper（ペッパー） | ソフトバンクが開発したロボット。人間の感情の認識と感情の表現に優れている。開発当初は，接客や受付などの業務を担当することが多かった。今後の開発次第では，活用の可能性が広がる。 |
| Roomba（ルンバ） | iRobot が開発したロボット掃除機。学習機能を有しており，間取りを記憶し最適なパターンで掃除を行うことができる。 |

最後に，Roomba です。Roomba は，ドラえもんや Pepper と大きく異なり，行う機能は掃除のみです。しかし，結論から述べると Roomba は AI と解釈されることが多いです。それは，Roomba が単に車輪のついた自走式の掃除機ではなく，部屋の間取りを学習し，効率よく掃除を行うことができることに由来しています。この学習機能は，「知的な振る舞い」や「人間の頭脳活動」と見ることができます。このようなことから，Roomba は AI といわれることが多いです。

ではここで，元のテーマである「AI に奪われる職業」に戻ってみましょう。ドラえもんは，22 世紀のロボットという設定ですが，もしドラえもんのようなロボットが開発され，販売されたとしたらどうでしょうか。もはや人間が働かなくてすむような SF 映画の世界が訪れると言っても過言ではないかもしれません。しかし，これは現実的でしょうか。現状の科学の発展を踏まえても，2020 年代を生きている私たちがそのような未来を想定する必要はなさそうで

（左：アフロ，右：東洋経済／アフロ提供）

す。

では，Pepper のようにすでに存在している AI はどうでしょうか。今後の開発状況にも左右されますが，Pepper が代替している活動・仕事は，受付や案内などの作業がメインです。すなわち，代替される範囲はかなり限定的であるということです。Roomba についても同じことがいえます。AI と呼ばれていますが，できることは掃除のみです。公共施設の清掃員などの仕事が奪われる可能性はありますが，代替される範囲は，Pepper よりも限定的です。

ここまで AI の定義を踏まえて，具体的な事例を見てきました。ここで最も重要なのは，そもそも AI とは何なのかをしっかりと理解することです。そのうえで，どのような職業がどのように奪われるのかを理解する必要があります。

AI というと SF 映画やドラえもんのようなものを想像する人も多いでしょう。ほかにも，難しそうと最初から拒絶してしまう人も多いかもしれません。そこで立ち止まらずに，まずは現在開発されている AI やロボットはどのようなものかを調べる必要があります。また，それらが奪う職業とは具体的になんなのかを自分なりに調べ，解釈していく必要があります。第 6 章 1 節で学んだように，イメージしやすい SF 映画や難しそうだといった文脈にとらわれずに，しっかりと情報を吟味し，自分なりに理解していくことが求められています。

### ■職業が奪われるとはどういうことなのか？

まずは，簡単なワークから行います。図 7-1 の写真を見てください。これは，1902 年頃に撮られた写真です。これは何をしている写真でしょうか？

みなさん，回答は思いつきましたでしょうか？ この写真は，1902 年頃の八重洲町電話交換局の様子です。写真に写っているのは「電話の交換手」と呼ばれる職業に従事している人たちです。かつては，電話をかけると一度，図 7-1 のような交換局につながり，交換手が手動で電話をかけたい相手に接続する作業が行われていました。この写真は，その作業をする交換手を後ろから写したものです。

現代では「電話の交換手」はどうなっているでしょうか。ご存じの通り，電話の交換手はすでに職業としては存在しません。その理由は簡単で，自動で接

図 7-1　1902 年頃の写真

続する技術が確立し手動で接続する必要がなくなったからです。この技術はAIとはいえないかもしれません。しかし，100 年以上前から，技術の発展にともなって，奪われた（＝なくなった，消滅した）職業はあったということです。

電話の交換手以外にも，電車の分岐点のポイント切り替えも自動化されましたし，コンピュータが市場に出るようになってから，文書管理などの仕事の仕方やあり方が大幅に変わりました。

その一方で，新たな職業も生まれてきました。たとえば，電話の世界で考えると，携帯電話に関連する仕事は 100 年前にはほぼなかったはずです。しかし現代では，電波塔などのインフラ整備や販売などの営業，通信技術開発のための研究職などさまざまな仕事が生まれています。

このことを解釈し直すと，「奪われる」という言葉ではなく「技術の発展により生まれ変わる」ととらえることが可能です。もちろん，なくなる職業と新たに生まれる職業の数が一対一で対応するわけではありません。しかし「奪われる」「代替される」といったセンセーショナルな言葉に惑わされることなく，しっかりと情報を吟味しながら，それがどのような状況なのかを考えていくことが重要であることを示しています。

## ■どうすれば「奪われない」のか？

ここまで「AI に奪われる職業」の意味について考えてきました。まずは，AI を正しく理解すること，次に奪われるとは技術の進歩ととらえることができるなどの話をしました。実際にロボットやAIにより自動化される仕事は少なくないかもしれません。では，最後にどうすれば奪われないのか，どうすれば情報化社会で生きていけるかを考えてみましょう。

まず「奪われるかも」と不安に思っているみなさんは，これからどうすればよいでしょうか？ 第6章1節で繰り返し説明してきたように，自分なりに情報を吟味し解釈する姿勢が重要になるはずです。たとえば，フライとオズボーンの論文を読んだうえで不安だと思っている人はどれだけいるでしょうか？みなさんのなかにも，新聞やニュースで取り上げられる情報だけを見て，なんとなく不安に思っている状態の人が少なくないのではないでしょうか。

フライとオズボーンのもとの論文を読むことは大事です。ただし，すべての情報の原典となる論文や本を読もうとすると時間が足りませんし言語の問題もあるでしょう。世の中に大きな影響を与える情報は，新聞やビジネス誌などで，要約した記事や解説の記事が出回ります。みなさんは，実際に目を通しましたか。もしかすると，あまり情報を吟味することなく，表面的な情報だけを見たり，それを鵜呑みにしたりして不安に思っていた人が多かったのではないでしょうか。

しっかりともとの論文を読むと，フライとオズボーンは，なくなる職業を指摘し不安をあおったわけではないことがわかります。この論文は，今後の社会で活躍するために必要な能力として「クリエイティブな能力」と「ソーシャルスキル」が重要であると結論づけています。

クリエイティブな能力とは，自分自身でモノや価値を創造していく力のことを指し，ソーシャルスキルとは，多様な背景をもつ他者と協力して問題解決できるスキルやコミュニケーションのスキルなどを指します。すなわち，みなさんに求められているのは，不安がることではなく，このような能力を身につけようとする姿勢や努力です。

ここまで説明すると，AIに職業を奪われる心配はない，安心してもよいと思う人もいるかもしれません。しかし，私はそこまでは言えません。若い世代のみなさんに求められているのは，第6章1節でも述べたように，情報をしっかりと分析し吟味していく力です。

言い換えると，不安に思ったり，気になったりしたことがあれば，しっかりと原典にあたったり，関連の書籍を読んだりしながら，解釈を深めていく必要があります。今後は，このような努力をしてきた世界中の人との競争が待っているはずです。すなわち，AI ではなく努力をした人に仕事を奪われてしまうかもしれません。そうならないように，自分なりに情報をしっかりと吟味したり，多角的にとらえたりする努力をしていってください。

## 4　振り返りのポイント

・AI とは何なのかをしっかりと理解する。
・新たなテクノロジーやこれまでの世の中を変えたテクノロジーを分析的に考える。
・分析的に考えたうえで，自分自身とどのように関わっているかを考える。

## 5　エクササイズ

この 100 年の間で消滅した職業を挙げてみましょう。その職業が消滅した理由や影響を与えたテクノロジーの進歩が何だったのか検討してみましょう。

## 6　おすすめの本＆読むポイント

■ Frey, C. B. and M. Osborne, “The Future of Employment” (2013)

この節をしっかりと理解するために目を通してほしいと考えています。英語が得意な方はぜひチャレンジしてみてください。一方で，この論文は非常に有名です。日本語でも，全訳を公開している Web サイトや解説の記事，書籍は多く出版されています。特にビジネス雑誌などでは頻繁に取り上げられています。そのような記事にも目を通してみましょう。

## 引用・参照文献

Frey, C. B. and Osborne, M, 2013, “The Future of Employment: How Susceptible are Jobs to Computerisation?”

人工知能学会監修／松尾豊編，2016，『人工知能とは』近代科学社。

野村総合研究所，2015，「日本の労働人口の 49% が人工知能やロボット等で代替可能に」（https://www.nri.com/-/media/Corporate/jp/Files/PDF/news/newsrelease/cc/2015/151202_1.pdf〔2020 年 03 月 21 日閲覧〕）。

# 第3節

# 環境とキャリア

## 1 テーマのねらい

環境問題は今でこそ，世界的にも叫ばれさまざまな分野で研究も進んでいますが，ほんの100年前までは，「そんなことよりも経済発展！」と言われとても軽く考えられていました。その時々に生きている人が「大切にしたい」と思えないと環境のことは表にも出てきません。では，あなたの考える「大切にしたい」ことは何でしょう？ 大切にしたいことを大切にし続けるためにできることは何でしょうか？ この節では「環境とキャリア」を通してあなたの生き方を考えていくことが目標です。

## 2 学習のためのヒント

・あなたの大切にしていることは何ですか？
・あなたの大切にしていることの背景を考えたことがありますか？
・あなたの大切にしていることを続けるために今できることは何ですか？

## 3　環境問題と生き方を考える

「テーマのねらい」で書いた「大切なこと」とは，何でしょうか？ それは，人それぞれに違います。家族と過ごすことが大切な人もいれば，仕事をすることが大切な人もいるでしょう。そのような大切にしたいことを考えるときに重要になるのが価値観です。価値観によって大切にしたいことは変わります。そして，また，この価値観もさまざまな体験や経験，社会情勢などによって変化していきます。たとえば，第二次世界大戦中は，戦争に勝つことが一番だとほとんどの人が考えていました。そのため，経済を発展させることや環境を守ることよりも，軍備を整えることのために日本中の人が動きました。一転して，敗戦後は，とても貧しくなり，なによりも経済を発展させて国を復活させることが一番になります。国民すべてが経済を発展させる＝お金持ちになることを目指し，環境保全や持続可能な産業よりも，大量生産大量消費が正しいとされてきました。

では，これから先の世の中ではどうでしょうか？ 世界中で環境問題が叫ばれ，異常気象が起こり，経済や社会の構造自体も変わってきたなか，みなさんの大切にしたいことは何ですか？ この問いに決まった答えはありません。みなさんが選んだ選択の先にみなさんの望んだ未来がやってきます。

私はいまでこそ「環境教育」という分野で仕事をして，さまざまな場所で話をしていますが，それもさまざまな経験を通し，価値観の変化があったからです。次から，私の経験談を通して，環境とキャリアについて考えていくこととします。

### ■自分の大切な場所から環境を考える

突然ですが，少しだけ目を閉じて，自分の大好きな場所を思い浮かべてください。どのような場所でもいいです。家族で旅行に行った場所，友人と語り明かした公園，恋人と初めてデートした場所。自分の部屋という人もいるでしょう。

図 7-2　重富海岸

思い浮かべましたか？ では，次にその場所が荒れている状況を想像してください。ゴミが散らかり，足の踏み場もなくあなたの思い出とはほど遠い状況を。

どのように感じたでしょうか？

私は大学3年生のときにこの経験をしました。その場所は，私の小学生時代の思い出の場所でした（図 7-2）。

小学3年生の夏休み，私はいとこたちとこの海岸で朝から晩まで遊びました。潮が満ちているときは海水浴を楽しみ，松林内でお弁当を食べ，潮が引いたら潮干狩りや干潟で生き物をさがし，とても楽しい1日でした。その半年後，私の両親は離婚し，このときに遊んだいとこたちには会えなくなり，この海岸で遊んだことは楽しく美しい思い出として私の記憶に刻まれます。

それから約10年後，大学の実習で偶然，この思い出の場所を訪れました。しかし，そこは，本当に同じ海岸なのかと思うほど，ゴミが散乱し，動物の糞がいたるところにあり，人のまったくいない閑散とした海岸になっていました（図 7-3）。地域の人に話を聞いても「あそこの海岸汚いでしょ？」というばかり……人々の心が離れた荒れた場所になっていたのです。

この出来事は，後に私の進路に大きな影響を与えます。それまでの私は，「きれいな場所はずっときれい」だと思っていたのですが，違いました。大切に思ってそれを守る人がいなくなれば場所は荒れます。私の価値観は変わりま

図 7-3　荒れた重富海岸

した。

## ■食べ物の背景から環境を考える

もう１つ，私の価値観を大きく変えた経験です。

これも大学３年生のときのことでした。午後で最初の授業だったのですが，授業開始後に突然，教授が「このなかで昼ご飯に魚を食べた人はいるか？」と聞いてきたのです。ちょうど大学の食堂で焼きサバ定食を食べていた私と数人が手をあげました。すると，それを見ていた教授が「では，その魚が自然界で何を食べているか考えたことがあるか？」と質問しました。曲がりなりにも，理学部で環境や自然，生物のことを学んでいた私たちでしたが，ほぼ全員が「小さい魚ですか？」と答えたのです。矢継ぎ早に教授は問います「では，その小さな魚が食べているものは？」。皆の答えは「プランクトン（浮遊生物）とか？」。

答えは不正解。プランクトンを直接食べられる魚は自然界ではとても少ないのです。川から流れてくる有機物や海の生き物たちの出す排せつ物などを食べているのが，プランクトンたち。そしてそれを有機物と共に食べているのは，干潟やサンゴ群落，藻場などの浅瀬に棲む，ゴカイやカニ，ヤドカリをはじめとする小さな生き物たちです。その小さな生き物たちを，小さな魚が食べて，小さな魚を中くらいの魚が食べて，中くらいの魚を大きな魚が食べることで，近海の生き物は生きています。

私は，それまで大学で，生き物のつながりや生態などを勉強していましたし，小さな頃から生き物が好きで，よく釣りなどにも行っていました。魚を食べることも好きでよくスーパーで買ったり食べたりしていました。ですが，その知識と経験が結びついていなかったのです。

さらにその授業のなかで教授は続けます。「今の世の中は便利になって，いつでも魚が買える。食べられる。だが，その魚がどんな場所に棲んでいて，何を食べているのか知っている人はとても少ない。だから，その生息場所を壊すし，そのエサになる小さな生き物が棲む場所を簡単に埋め立てることができる」。魚のエサになる小さな生き物たちは，干潟や藻場，サンゴ群落などの浅い海が残っていないと生きていけません。しかし，こういう場所は，埋め立てるには一番の場所です。

経済発展を一番に考えるならば，浅い海は埋め立てて工場や空港，遊園地などにしたほうがよいでしょう。しかし，その結果，漁獲量は下がります。有機物を取り込む生き物もいなくなり，海は汚れ，プランクトンのみが増え，赤潮が発生しやすくなります。遊ぶこともできず，魚を食べることもできない海がやってきます。

私は，この時期，うっすらと「大学を卒業したら理科教員になろうかな」と思っていました。しかし，この日の授業で知ったことは教科書には載っていないことでした。教科書には載っていない，でも私たちの生活に直結する大切なこと。それをより多くの人に伝えていかないと手遅れになるのではないか？浅い海がなくなるのではないか？ という危機感がつのりました。

### ■自分が生きたい未来から仕事（生き方）を考える

この2つの経験があり，私には目標ができました。1つ目は「すべての場所はなくなる可能性がある。だからこそ，自分の大好きな場所がなくならない，荒れない努力をする」。2つ目は「今，食べているものの重要性を知り，それがいつまでも食べられるようにする」。そして，この2つのことをより多くの人に伝え，「人も生き物も無理なく共生できる世の中をつくる」。この未来を実現するために私が選んだのが，今の環境教育の仕事です。

よく，「いろんなことをしてますね」と言われます。生物調査もしますし，エコツアーガイドもしますし，ラジオパーソナリティもしています。保育園，小学校，中学校，高校，大学，公民館講座などさまざまなところで講演もします。すべては，自分が夢描く理想の未来のために今の自分にできることです。

理想の未来を描き，今の自分のできることを見つけ，それを仕事として昇華させる（対価を払ってもらえるくらいに高める）ことが大切です。

### ■自分の専門性から未来の仕事（生き方）を考える

これらの目標をもとに，私は今の会社に入った後，自分の専門性を生かしながらできることを考えました。まずは，思い出の海岸の復活です。荒れた場所を，昔のように美しく人がたくさん来る愛される海岸に戻す。そのための方法を順番に考え実施していきました。

①見た目をきれいにする

最初に取り組んだのは，汚くゴミだらけになった場所のゴミをなくすことです。他のスタッフにも手伝ってもらいましたが，海岸と駐車場に大量に散らかっていたゴミを拾うのは大変な作業でした。男3人で丸1日かけてゴミを拾い，集まったゴミは燃えるゴミが大きなゴミ袋43袋，燃えないゴミが28袋ありました。しかし，このゴミ拾い，ここでやめてしまっては意味がありません。次の日から，毎日決まった時間に，「どこに，どのようなゴミが多いのか」を記録にとりながら拾い続けました。これを続けると，ゴミの分析ができるようになります。分析ができると，対策が打てます。「調査→分析→対策を練る」という手法には調査を行い，研究論文を書く，理学的な考え方が役に立ちました。

たとえば，一番多いのはタバコの吸い殻でした。そこで，JT（日本たばこ産業）に無料で配っている携帯灰皿を提供してもらい，タバコを吸っている方を見かけたら「携帯灰皿お持ちですか？」と声をかけ，もっていないと言われれば，携帯灰皿を渡す。すると，みな，吸い殻を携帯灰皿に入れてくれるようになります。このときに気をつけたのが，「捨てないでくださいね」というのではなく，自分からもって帰りたくなる言い方を考えたことです。私たちの目指

図 7-4　2004 年からのゴミの総数と海岸利用者数

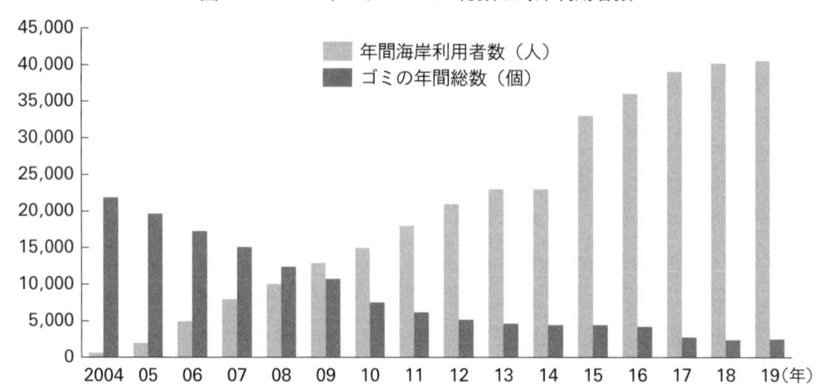


したのは，皆に愛される海岸に戻すこと。そのためには嫌な思いをする人をできるだけ出したくなかったのです。

次に多かったのが，夜の宴会や花火の跡。花火は，火事にもつながるため，禁止されていたのですが，夜に遊びに来る人は看板など読みませんので，宴会の跡や花火の跡はとても多くありました。これは，私たちだけではどうにもできそうになかったので，駐車場を管理していた町役場に相談し，現状をお伝えし，夜には駐車場を閉めてもいいように許可をもらいました。このときに気をつけたのは，「行政に要請する」のではなく，「自分たちがするから，許可をくれないか」と話をもっていったことです。他の人の仕事を増やさずに，できるだけ自分たちができることをするようにしました。

このような活動を続けていくと，もともと風光明媚な海岸ですから，少しずつ利用客が増えていきました。その間も，ゴミ拾いを続け，きれいな海岸を維持したのです。すると，遊びに来る方々も「きれいな場所だね」と言ってゴミを持って帰ってくれるようになりました。その結果が，図 7-4 のグラフです。利用者数とゴミの量の変化が一目でわかると思います。このようにグラフ化して，結果を見やすくすることも理学の分野で大切にしてきたことです。

見た目がきれいになれば，人は来る。ゴミを捨てにくい雰囲気をつくることで，多くの人が来てもゴミの少ない海岸を維持できています。

②見えない価値を見えるようにする

①の「見た目をきれいに」と同時に行っていたのが，海岸（干潟）の野生生物調査です。これは，当時の人々が，「ゴミだらけ」→「汚い」→「生き物がいない」→「入りたくない」というイメージをもっていたため，本当に汚いのか，本当に生き物がいないのかを科学的に立証するために始めたことです。私は，自分の価値観を変えたあの講義後，干潟に興味をもち，干潟のことを研究している研究室に入りました。そこで，自分たちの生活で見えているものの背景にある見えない生き物のつながりや，見えていない場所の環境的な価値をより深く知ることができました。また，そこで得た干潟の底生生物調査を行うスキルをもって，大学と協力し，海岸の生物調査を行いました。結果，とてもたくさんの生き物が，しかも絶滅危惧種に登録されているものもたくさん出てきました。

普段見えている「海」の中には，実はたくさんの生き物がいて，その生き物のおかげで私たちはおいしい魚を食べられたり，海で遊べたりするという見えない価値を，見えるように発信し始めました。調査の結果わかったことをもとに展示物をつくります。海岸内の使っていなかった海の家を借り，自分たちで改装し，手作りの博物館をつくり，生き物たちの展示を始めました。できるだけ多くの人に見てほしかったので，楽しくわかりやすく簡単な文章で……。

結果は，先ほどのグラフを見ておわかりいただけると思います。汚くない，生き物がたくさんいるとわかってからは，多くの人が訪れる海岸になっています。

③付加価値をつける

最後に行ったのは，付加価値をつけること。ここの海岸を好きになってくれる人を増やし，二度と荒れないようにするために……これは，私たちだけではできませんので，さまざまな団体に協力してもらい，海岸を「国立公園」や「ジオパーク」などの保全と利用を促進できる仕組みに組み込みました。これで，もし，私たちに何かがおこっても，この海岸が二度と荒れることはないでしょう。

私が学生時代に衝撃を受けた「荒れた海岸」は，今では多くの人が訪れる

「愛される海岸」になりました。

■「環境」の仕事につながっている理学以外のスキル

最後になりますが，以上のことはすべて「仕事」として行っています。ということは，私が動いた分の人件費などが発生しています。それをどうつくったか？ これも，自分のやりたいことからの逆算です。今では「システム思考」と言われることもありますが，物事を論理的にとらえ，どうすれば目的を達成できるかを考えることも，大切です。「こういうことがしたい」→「でもできない」→「なぜ，できないのか？」→「資金が足りない」→「では，どうしたら資金が得られるか？」を考えました。私は，使える助成金や補助金を探し，申請を出しました。今なら，クラウドファンディングもあります。銀行から借りるというのも手でしょう。資金を得る方法は実はたくさんあります。「お金がないからできない」ではなく，「どうしたらできるか？」という考え方ひとつで未来は変わります。

どんな仕事をするときも必ず壁があります。そのとき，壁であきらめるのではなく「どうすればできるかな？」と考え，できる方法を探すことが「答えのない"環境"という分野」で働くときに大切なことだと私は思っています。そして，「どうすればできるかな？」を考え続けるためには，それなりのモチベーションが必要です。モチベーションの維持……難しいですよね。なので，私は「大切にしていること」のためにするようにしています。「大切にしていること」=「好きなこと」。私の好きなことを，私の子どもたちが50年後100年後も続けるためにはどうすればいいか？ そのために今の自分にできることはなにか。私はいつもこのように考えています。

みなさんの「好きなこと」はなんですか？ それを探すのに，大学という場所はとても有意義です。さまざまな価値観に出会え，いろいろなところに行く時間もある。大学生の間にいろいろなところに行って，いろいろな人に会って，多くの経験をして，「好きなこと」を見つけてください。

## 4 振り返りのポイント

・自分の大切なものを見つけることで，未来の仕事が見えてくる。
・その大切なものを持続可能にするための理想の未来を描く。
・その未来のために，今の自分が大学で学んだことがどのように生かせるのかを考える。

## 5 エクササイズ

●モチベーショングラフを書いてみよう

生まれてから今までの人生を振り返ってみましょう。

各年代での出来事をプラス，マイナスで考えてみましょう。

そのときに，なぜその時期はプラスなのか？ なぜプラスからマイナスに変化するのかなど，自分の人生のモチベーションを分析してみましょう。

そうすると，自分が生きてきたなかで大切にしてきたことが見えてきます。

●未来の自分を考えてみよう

自分の大切にしてきたことが見えてきたら，それを大切にし続けるためにどのように生きていくかを考えてみましょう。

どこで暮らしたいですか？

どのようなものを食べたいですか？

どのように働きますか？

そして，それを実行するためにはどのような環境が必要ですか？ おいしいものを食べ続けたいなら，そのおいしいものが育ち続けられる環境が必要です。そして，それを育てたり採ったりしてくれる一次産業の人がい続けないといけません。電気のある暮らしを続けたいなら，エネルギーがつくり続けられないといけません。

●自分の専門性からできることを考えてみよう

理想の自分を描けたら，そのために自分ができることを探してみましょう。

専門的に学んだことは，「できること」を増やす武器になります。「専門的に学んで多角的に考える」ことができるように，多様な専門性を身につけてください。

## 6　おすすめの本＆読むポイント

■レイチェル・カーソン『沈黙の春』（青樹簗一訳，新潮文庫，1974 年）

自分たちがどのように生きていきたいかを考えたときに，その生きていける環境がのこっているかはとても大切な視点になります。人間が地球から恩恵を受けているものについて改めて見つめなおすときにおすすめの１冊です。

■福岡伸一『生物と無生物のあいだ』（講談社現代新書，2007 年）

私たちが生きていることがどのような意味をもつのかという哲学的な問いを生物学の視点から解き明かします。そもそも生物の定義って何？ 世の中の生き物って？ をわかりやすく書いています。

■松井優征『暗殺教室』（集英社，2012～16 年）

自分の長所を活かし，目的を達成するためにどのような考え方をすればよいかがわかりやすく描かれています。マンガなので読みやすく，奥が深い作品です。

# 第 **8** 章

# 自分らしさを見つける

ここまで，キャリアを積み重ねることについてさまざまな視点から学んできました。しかし，多様な視点を学び，多くの選択肢を知るほど，自分にとってのキャリアにはどのようなものが“よい”のか見えなくなってきます。この章では，あらためて，自分のことを見つめ直し，未来のキャリアを描く練習をしてみましょう。

# 第1節

# 多様性とキャリア

## 1 テーマのねらい

技術革新や社会の成熟化などによる大きな環境変化のなかで，雇用環境や個人の働き方が多様化しています。みなさんがそれぞれの能力を発揮しながら自分の望むように働き，自律的なキャリア形成を行うためには，多様で柔軟な働き方が選択肢として確立されることが重要ですが，一方でそれは1人ひとりが「選択する力」をもつことが前提となります。ここでは，具体的な「多様性」への理解を深め，それらをどう選ぶのかについて学ぶことが目標です。

## 2 学習のためのヒント

・キャリアを考えるうえでどんな「多様性」があるのでしょうか？
・「多様化」した背景にはどんなことがあるのでしょうか？
・「多様」な選択肢からどのように選べばよいのでしょうか？

## 3 「多様」であることはキャリアにどう関わるのか？

「多様性」や「多様化」と聞いてみなさんは何を思い浮かべますか？「生物多様性」や「価値観の多様化」などの言葉を聞いたことがあるかもしれません。「生物多様性」とは，たとえば，遺伝子の違いや環境変化への適応によってAとは異なるBが生まれ（進化し），AとBという異なる種類の生き物が存在している様子，あるいはそのつながりのことを表し，「価値観の多様化」は，たとえば，もともと多くの人が「あたりまえ」「フツー」と考えてきたこととは異なる考えやとらえ方を支持する人が増え（派生し），「あたりまえ」「フツー」が人によって異なる状況であることを表します。このように，多様とは，種類や形態，形式がさまざまであることを意味しますが，単にいろいろなものがあるというだけでなく，その様子や考えの違いには変化の過程や意味があると理解しておく必要がありそうです。

### ■日本型雇用慣行の変化

総務省「労働力調査」によれば，1953年当時日本の就業者は，雇用者42.4%，家族従業者32.2%，自営業主25.3%という比率でしたが，2019年には雇用者89.3%，家族従業者2.1%，自営業主7.9%となり，働く人のほとんどが「雇用者」，つまり企業などの法人に勤務している状況になりました。それだけ見ると以前に比べて「多様でなくなった」ととらえることができます。

しかし，割合が変化した過程を考えるとさまざまに意味づけることができます。雇用者の割合が増えた背景には，家族従業者や自営業主として働くことが難しい状況から雇用者となったという場合もあるでしょう。たとえば家業である個人商店を廃業したため雇用者として働く場合には選択肢は「多様になった」と見ることもできます。また，働く先を「選べるようになった」という人もいれば「選ばざるをえなくなった」という人もいるでしょう。

また，日本では戦後の高度経済成長を支えたのは民間企業などの法人です。経済成長とともに人口も企業も増えていきました。企業の多くは「新卒一括採用」「長期雇用」「年功型賃金」などを特徴とする日本型雇用慣行のもと成長拡大しました。その頃は雇用者の多くが，高校や大学を卒業して正社員として就職し，定年退職するまで勤務する，あるいは女性は結婚後退職して家庭に入ることを人生の成功モデルとして考えていたことでしょう。雇用者は勤務先に忠誠を誓うことで安定した賃金や地位が与えられ，家庭内では女性が家事や子育てを担うことで家計がまわり生活も豊かになっていきました。さらに学歴や企業規模による賃金の差がある場合が多く，進学や就職で高い学歴や大企業を目指すことが子育てにおいても重要でした。

ところが1990年代のいわゆるバブル崩壊以降，そのサイクルに綻びが出始めます。「つぶれない」と思われていた大手金融機関が相次いで経営破綻し，「定年まで雇用される」と考えていた大企業では「リストラ」と呼ばれる人員整理が続き，転職を余儀なくされる雇用者も増えました。家計はまわらなくなり，進学や就職で目指してきた学歴や企業規模は雇用者の人生を保証してくれるものではなくなりました。

現代は，学歴の高さや企業規模の大きさで人生の豊かさは決まらない時代だといえ，その意味では雇用者の選択肢は「多様になった」ことでしょう。「選べるようになった」のか「選ばざるをえなくなった」のか，とらえ方によって意味が変わりますね。いずれにしても社会構造や環境の変化と個人としてのキャリアは密接に関わります。目の前に起こる変化に適応するだけでなく，「なぜ多様になったのか」という過程を理解するとともに，「何が多様なのか」をいくつかの視点で考えることがみなさんの自律的なキャリア形成につながります。

①メンバーシップ型雇用からジョブ型雇用へ

学生の「就職活動」は，実際には「就社活動」であるという指摘があります。日本では，「メンバーシップ型雇用」といって，職務内容を決めず社員を雇用し，メンバーとしての雇用安定・待遇と引き換えに無限定な働き方を求める企業が多いため，「どの仕事をするのか」ではなく「どの企業に入るか」が学生の就職活動のゴールになる傾向が見られます。海外の企業の多くは，職務範囲や技能レベルを定めた仕事ごとに募集をしますので，入社後に配属部署が決まる日本の仕組みは海外では理解されにくく，外国人材の採用にも影響を与えます。

一方で，現在の日本の若者は，企業の知名度や規模よりも仕事内容や人間関係を重視する傾向が強くなっていることもあり，限定した職務範囲や勤務地を限定する「ジョブ型雇用」を推進する動きがあります。日本の大手企業の多くが会員となっている一般社団法人日本経済団体連合会（経団連）でも「今後は，日本の長期にわたる雇用慣行となってきた新卒一括採用（メンバーシップ型採用）に加え，ジョブ型雇用を念頭に置いた採用（ジョブ型採用）も含め，学生個人の意志に応じた，複線的で多様な採用形態に，秩序をもって移行すべきである」（日本経済団体連合会，2019）と提唱しています。

②非正規雇用者の広がり

非正規雇用者の定義は明確ではありませんが，契約社員や派遣社員のように雇用期間を定めて働く人，あるいはパートタイマーやアルバイトのように１日あたりの働く時間が短い人を指すのが一般的です。総務省「労働力調査」によれば，非正規雇用者が雇用者全体に占める割合は38.3%（2019年）で，年々増えています。多くの職場で欠かせない戦力となっている一方で，正規雇用者に比べて非正規雇用者の給与は低い傾向にあるなどの課題が指摘されています。厚生労働省「賃金構造基本統計調査」によれば，2019年の所定内賃金を比較すると，正規雇用者（調査では「正社員・正職員」）の時給が2021円に対して，非正規雇用者（調査では「正社員・正職員以外」）の時給は1336円で，正規雇用者の７割に届きません。

「同一労働同一賃金」の実現に向けた動きによりこの割合は改善されることが期待されていますが，自ら非正規雇用を選ぶ人も少なくありません。厚生労働省の調査によれば，非正規雇用を選ぶ理由として最も多いのが「自分の都合のよい時間に働けるから」というものです。次いで「家計の補助，学費等を得たいから」「家庭の事情（家事・育児・介護等）と両立しやすいから」「通勤時間が短いから」と続きます。つまり長い人生のキャリアにおいては非正規雇用は避けるべきものというだけでなく，ライフステージや家庭の事情などによっては働き方の１つの選択肢となりうる場合もあります。

## ■技術革新と人生100年時代

日本では，2016年の「第5期科学技術基本計画」(2021年からは「科学技術・イノベーション基本計画」)において，「知識や価値の創出プロセスが大きく変貌し，経済や社会の在り方，産業構造が急速に変化する大変革時代が到来している」として，「ICTを最大限に活用し，サイバー空間とフィジカル空間（現実世界）とを融合させた取組により，人々に豊かさをもたらす『超スマート社会』(Society5.0)」をこれから向かうべき姿として示しました。

高度経済成長期から技術の進歩とともに追求された「便利で快適な暮らし」が成熟した現代では，質のよい製品をつくるだけでなく，デジタル技術を活用しながら顧客や社会が求めるさまざまなサービスや価値を実現することが企業に求められています。さらにグローバル化も進んだことで企業の競合先，取引先は日本国内に限らないことから，経営環境は厳しさを増しています。一方で働く側の意識にも変化がみられ，経団連も「特に，若年・中堅層を中心に，仕事を通じて社会課題の解決に貢献しながら，自身の成長を実感・実現することを重視する人材が増えている」と指摘し，「経営環境や働き手の意識の変化により，これまで機能してきた長期・終身雇用の下で中長期的に自社に適した社員へと育成する仕組みだけでは，人材の育成が困難になりつつある」(日本経済団体連合会，2020）と指摘しています。

技術革新は人間の寿命を延ばすことにも影響を与えました。リンダ・グラットンとアンドリュー・スコットは著書『LIFE SHIFT（ライフ・シフト）――100年時代の人生戦略』のなかで，日本では，2007年に生まれた子どもの50%は107歳まで生きる可能性があると説き（グラットン&スコット，2016），「人生100年時代」という言葉が広がりました。これからは70代，80代まで働くことがあたりまえになるかもしれませんが，よりよく働き続けるためには，立場や環境が変わっても周りから必要とされること，つまり，自分自身の価値向上のために新しい知識やスキルを身につける意欲をもち，躊躇なく行動することが望まれます。

■多様で柔軟な働き方

2016年に内閣官房に「働き方改革実現推進室」が設置され，政府主導での「働き方改革」が進められてきました。働き方改革は，少子高齢化が進むなかで働き手を維持するとともに，労働生産性を向上させることを目的として，「非正規雇用の処遇改善」「長時間労働の是正」「高齢者の就業促進」など9つのテーマを掲げ，これまで関連法に基づく法改正も進められました。また，この改革のなかでは「柔軟な働き方がしやすい環境整備」をテーマにテレワークや兼業・副業を促進することで個人の志向や状況に合わせた働き方の選択ができるよう期待されています。

①テレワーク

一般社団法人日本テレワーク協会は，「情報通信技術（ICT）を活用した，場所や時間にとらわれない柔軟な働き方」をテレワークと定義し，自宅利用型テレワーク（在宅勤務），モバイルワーク，施設利用型テレワーク（サテライトオフィス勤務など）の3つに分けられるとしています。

働く側にとっては，育児や介護，治療との両立や通勤時間の削減などのメリットがあり，雇用側や地域社会にとっても人材の確保などの効果にもつながっています。社員間のコミュニケーション低下やセキュリティ管理面の不安のほか，勤怠管理のしにくさや長時間労働になりやすいなど課題も指摘されていますが，働き方の選択肢としては今後さらに定着していくことでしょう。

また，政府の「働き方改革実行計画」では，雇用契約を結んだ労働者が自宅等で働く「雇用型テレワーク」だけでなく，雇用契約を結ばずに仕事を請け負い，自宅等で働く「非雇用型テレワーク」に対するガイドラインや働き手への支援にも触れています。一般的にはフリーランスと呼ばれる働き方のなかでも主にパソコンなどを使って業務を行う人たちを想定しています。

②兼業・副業

「兼業・副業」と聞くとどこかネガティブなイメージをもつ方もいるかもしれませんが，これまで禁止していた企業のなかには，これらを積極的に推奨するところも現れてきました。「自分の能力や資格を本業以外の場面でも発揮する」「本業のほかに社会課題に取り組む」といった働き方，生き方が本業の成果や意欲にも好影響を与える事例が増えているからです。

「ライスワーク（rice-work；生活のために働く）」「ライフワーク（life-work；使命感に駆られて働く）」「ライクワーク（like-work；好きだから働く）」という言葉を聞いたことがあるでしょうか。これまで多くの場合，これら3つのうち1つしか選ぶことはできませんでしたが，兼業・副業が認められれば，これらのうち2つ，あるいは3つを自分の仕事とすることもできます。内閣府の調査によれば，フリーランスの働き方をしている人たちのうち，フリーランスを本業とする者は200万人前後，フリーランスを副業とする者は100万人から160万人程度ということですから，複数の仕事をもつ人は珍しくなく，今後さらに増えていくことでしょう。

### ■ライフイベントと選ぶ力

大学卒業後，みなさんにはどんな「ライフイベント」かあるか想像できますか？ たとえば転職，結婚，病気，起業，家族の介護など，そのなかには「思いがけないこと」もあり，何かを選ばなくてはならないタイミングも多いことでしょう。あるいはこれからの大学生活を考えても，履修科目，研究室，アルバイト，進路，就職先など選択しなければならないことはたくさんありますね。考えてみると授業に行くべきか，課題をいつやるべきか，友達からの誘いを受けるべきかなどみなさんは生活するなかで多くの選択をしています。しかし，進路や就職先，卒業後のライフイベントはその後のキャリアにも大きな影響を与える選択ですから，慎重に納得のいく選択をしたいことでしょう。

これまで学んだようにみなさんの選択肢は以前に比べて「多様」になっています。以前の「あたりまえ」が今ではそうではないということもあります。「できるだけたくさんの情報を集めたい」「後悔しない選択をしたい」と考え，Webの検索サイトをひらき，さまざまな情報に触れますが，自分で選ぶことができない，あるいは自分の選択に自信がない大学生も多くいます。

まず，なぜ情報を集めても選ぶことができないのか，その背景の1つに「仮説思考」の習慣が身についていないことが挙げられます。仮説思考とは，手元にある情報をもとに早い段階で仮説を立て，それが正しいかどうかを検証しながら，違うと思ったら修正して別の仮説を立てるという考え方です。実際，情報を集め始めると際限がありません。仮説を立てるための情報収集を進めているといつの間にか情報収集することが目的化してしまうこともあります。仮説を検証するための行動に時間と労力をかける習慣づくりを大学生活のさまざまな場面で意識するとよいでしょう。

また，自分で選ぶことができない，自分の選択に自信がない背景として，自分のなかの判断基準が整理できていないことも挙げられます。多くの人がこれまでの選択を自分で決めてきたと思うでしょうが，気づかないうちに他人の意見や他人の判断を自分が決めたと勘違いしていることがあります。商品のレビューや星の数を参考にして購入を決めることもその例ですが，それを否定するつもりはありません。これだけ情報が簡単に入る世の中ですから他人の考えに触れることは当然です。しかし自分の判断基準が曖昧だと，他人の考えを頼りにしてしまい，ライフイベントが起きたときに納得のいく選択ができないばかりか，選んだものへの覚悟や責任をもてず自分らしさを失ってしまいます。他人と同じライフイベントはありません。状況や選択肢は人それぞれ違うのです。自分の判断基準をもつためには，できるだけ多くの価値観や考えに触れ，そのたびに自分ならどうするかを考え抜くことが欠かせません。大学生のうちに積極的に自分とは違う判断基準をもつ人と関わり，これからの自分にとって本当に必要な選択ができるよう「選ぶ力」を磨きましょう。

## 4　振り返りのポイント

・雇用環境や個人の働き方について，以前と比べてどんな「多様化」が進んでいるのか例を挙げてみる。
・働くうえでの自らの価値を向上させるために意識すべきことは何かを整理してみる。
・選ぶ力を身につけるために大学生活でどんな習慣づけが必要なのか考える。

## 5 エクササイズ

自分が仕事を選ぶ際，欠かせない要素は何だと思いますか。3つ程度挙げてみましょう。そのうえで社会人はどのように考えているのか周囲の複数の人に聞き，自分の考えとの違い，共通点などを検証してみましょう。

## 6 おすすめの本＆読むポイント

■太田肇『「超」働き方改革——四次元の「分ける」戦略』（ちくま新書，2020年）

日本人は知らないうちに「個人」を組織や集団のなかで一体化させて考える癖がついていたのかもしれません。個人と組織を「分けて」「つなげる」発想をもつことで，個人が本来もっている力が発揮できるという主張が多くの職場で支持されれば，働き方もさらに変わります。

■古野庸一『「働く」ことについての本当に大切なこと』（白桃書房，2019年）

働く環境が多様化し，ロールモデルが役に立たないなかで，自分にとっての働く意味や目的をもう一歩深く考え，働くことを通じて「生き残り」と「幸せになること」を両立させるために，自分に合う仕事探しや居場所探しを掘り下げていく過程を丁寧に伝えてくれます。

■内田和成『マンガでわかる！ 仮説思考』（宝島社，2018年）

ビジネス場面で武器となる「仮説思考」は，環境変化が速いなかで意思決定するのにも大いに役に立ちます。マンガ仕立てのストーリーのため理解と応用が容易にできることでしょう。

### 引用・参照文献

グラットン，R. & A. スコット，2016，『LIFE SHIFT（ライフ・シフト）——100年時

代の人生戦略』（池村千秋訳）東洋経済新報社。
内閣府，2016，「第5期科学技術基本計画」。
日本経済団体連合会，2019，「採用と大学教育の未来に関する産学協議会 中間とりまとめと共同提言」。
日本経済団体連合会，2020，「Society 5.0 時代を切り拓く人材の育成――企業と働き手の成長に向けて」。

# 第2節

# コミュニケーションとキャリア

## 1 テーマのねらい

就職活動に際し，多くの企業が大学生に求める技能として「コミュニケーション力」を挙げます。また，経済産業省が提唱する社会人基礎力の能力要素の1つに，「発信力」があります。私たちはさまざまなレベルで，情報を発信しています。意識して発信する場合もありますし，無意識に発信している場合もあります。同じ発信するなら，いい内容を発信したい，多くの情報を発信したい，と考えますが，相手にうまく理解されなければ，せっかくの情報がもったいないことになります。この節では，おしゃべりとは違う「考えを発信する」ために必要なことを理解し，実際に発信できるようになることが目標です。

## 2 学習のためのヒント

・「コミュニケーション」とは，どういうものでしょうか？
・同じ内容を説明しているのに，理解のされ方が違った経験がありますか？
・自分の考えを発信する際に，どんなことに気をつけたらいいでしょうか？

## 3 コミュニケーションとは

コミュニケーション力が高い人は一般的に評価が高く，日本の社会では，その裏返しの「コミュ障」という言葉もよく耳にするようになりました。コミュニケーションと聞いて，多くの人が相手に自分の意図したことがうまく伝わる（一方向），相手とメッセージをやりとりする（双方向），ということを思い浮かべるかもしれません。しかし，私たちは，このようなメッセージの意識的なやりとりだけでなく，常にお互いの意図に関係なくメッセージを発信し，受け取っています。たとえば，大学の講義で教員が資料に基づいて説明しているとき，学生は「先生，今日は顔色が悪いな，疲れているのかな」と思っていたりします。教員は，その科目の内容を伝えようという意図で話していますが，学生は講義内容よりも教員の顔色を手がかりに「先生は疲れているかもしれない」と判断しているのです。

これを交流モデルといい，八代京子らは，コミュニケーションは共同作業であり，自分の意図をメッセージとして伝えようとする行為と，意図されたかどうかにかかわらず手がかりを見出し解釈する行為は同じように重要で活動的なものだとしています（八代ほか，1998：52）。手がかりには，言語的なものだけでなく，非言語的な手がかりや，環境や場面における手がかりなど数多くありますが，解釈する人の興味や重要性によって順位が変わります。その都度，それぞれが手がかりを勝手に解釈しているわけですが，同じものを見て（聞いて）いるのに「人によって受け取り方が違う」のはこのためです。

### ■自分の考えを発信する理由

このように，私たちは意図する，しないにかかわらずいろいろな場面でメッセージを発信しています。私たちが意図した通りに受け手が解釈しなくても不思議ではないし，何も話さなくても，何も行動していなくても，勝手に手がかりを見つけて解釈しても「コミュニケーション」です。しかし，今までに何度も「自分の意見が言えるようになりなさい」とか「思ったことを言えばいいよ」と言われたし，「あなたの意見を述べなさい」という設問の小論文を練習して「これでは伝わらないよ」「わかりやすく書こう」などの指導を受けてきました。やっぱり「相手にうまく伝える」「意思疎通する」ことが大事なようです。意図せず発信してしまっている場合は仕方がないですが，意図して発信する内容くらいは，意図した通りに伝えたいですね。

どうして，自分の意見を誰かに言う必要があるのでしょうか。それは，自分と他の人を比べて，何が同じで何が違うかを確認し，自分自身を理解するためです。今の自分がわかったら，そこから修正もできるし，新しい考えや方法を取り込むこともできます。また，他の人の考えややり方と合体させて，さらにいいものを生み出せるかもしれません。

それなら，自分の考えを言わなくても，相手の意見を聞くことに徹すればいいのではないかと思うかもしれませんが，他の人も同じことをしようとします。つまりあなた自身が話し手になったり，聞き手になったりするので，他の人の考えを聞くと同時に，自分の考えも何らかの形で発信する必要が出てきます。

ただ，先に述べたように，時々はこちらの思っていたとおりに伝わるけれども，時々まったく違う理解になっていることもあります。自分を知るために他の人に考えを伝えるのですから，伝わるかどうかを気にしすぎて，意図的に発信することをあきらめたら，せっかくのチャンスがダメになります。「考え」は，みなさん自身がつくるしかないのですが，できるだけみなさんが意図したとおりに伝えるために必要な要素を確認していきましょう。

### ■誰と話すか（誰に書くか）

自分の考えを伝えるときに限らず，私たちが話したり，書いたりするときに，1対1で話すのか，1対複数で話すのか，書いて渡す（送る）のかが重要です。この順番は，話し手（書き手）が相手の理解に合わせて調整しやすい順です。就職活動では，事前に企業情報を調べて質問を用意してから合同説明会に参加したり，特定の内容を準備するよう指示があったり，想定質問集をつくって答えを用意しておいたりすると思いますが，それを話したり書いたりする形式は，さまざまです。

1対1で話す形式は，もっとも融通が利きます。用意した内容が相手に理解されるか，相手に受け入れられるかなどの反応をじかに見ることができ，場合によっては内容や話し方を修正できるからです。時間の制限はありますが，写真や実物を見せるなど，視覚的な要素も効果的に盛り込めます。また，通常この形式は，一方的に話すだけでは終わらず，対話になります。相手は，あなたの発言内容だけでなく，あなたの服装や表情などから「どんな人だろう」と考えながら，もし説明が足りなくても質問やコメントをして，あなたの発話を助けてくれます。もちろん，思いもしない方向へ話が発展する場合もありますが，1人では出なかったアイディアや視点が得られるチャンスと言えるでしょう。

グループディスカッションや集団面接のように，1対複数の場合も，用意した内容が相手に理解されるか，相手に受け入れられるかなどの反応をじかに見られますし，内容や話し方を修正できます。話す内容だけでなく，外見や話し方などであなたについての情報を発信できるという強みも同じです。参加者が複数いるため，1対1のときほどあなたが注目される割合は高くなくなりますが，多くの人から意見やコメントを得られる（また，複数の人に与えられる）という利点があります。他の参加者との内容の重複があっても，別のものに変えられる余地もあります。ただ，すぐには思いつかないでしょうから，一定の準備をしておく必要があります。

就職活動等で最も多いのは，指定された内容を字数制限のなかで書いて渡す形式でしょう。この場合，相手はあなたのことを文字だけで理解します。しかも相手の反応を見ることができないので，あなたが自分で話を始めて，十分に理解してもらって，あなた自身で話を終わらせないといけません。これは実はかなり難しいことです。書いたら，複数の人に読んでもらってみてください。自分のことをあまり（まったく）知らない人であれば，より実践的です。その人が1回読んでわかれば，おそらく企業の方も理解できます。でも，「ここの部分はxxxってことかな」「これはyyyだよね」などの質問や確認があったら，理解しやすいように直しましょう。もし，読んでくれる人がいない場合は，書いたものを1週間放置して，新しい気持ちで自分でもう一度読み直してください。

■何を話すか（書くか）

話したり書いたりするときには，もちろん内容が重要です。ただ，同じ内容を説明するとしても，相手との関係によって，その量や質を調整する必要があります。人はそれぞれ知っている知識や経験が違うからです。

自己紹介を例に挙げます。学科ごとに行われる新入生セミナーで自己紹介するときと，複数の大学から学生が参加しているサッカーサークル初日に自己紹介するときを考えてみましょう。学科ごとの新入生セミナーの参加者は，同じ大学，学部，学科，学年ですから，これらの情報は不要です。一方，サークルでは他大学生がいますから，所属大学の情報は必要でしょう。

誰に自己紹介するのかは，どの程度の情報を提供するのかに関係があります。新入生セミナーは，新入生としての心構えを伝達すると同時に，同じ専門を学ぶ仲間づくりを促す目的があります。所属以外に何が共通項目かはまだわかりませんから，名前とともに出身や趣味など共通項目を探す材料を提供します。趣味がサッカーだと紹介しても，全員がサッカーを知っているとは限りませんから，「イギリスのマンチェスターユナイテッド，通称マンUというチームが好きです」と説明しないとわからないかもしれません。これに対して，サッカーサークルはサッカーを共通項目として集まっていますから，ある程度サッカーに興味がある，知識や経験があることを前提にして，それをさらに膨らませる材料（好きなチームやサッカー経験，得意な技など）を，固有名詞やサッカーで使われる用語をふんだんに使って提供することができます。「マンU」と言っただけで「赤」「お金がある」は基本中の基本知識なので言う必要はなく，もっといろいろなことが話せるでしょう。

もし，言いたいことがぼんやりしていたり，たくさんありすぎたりしたら，言いたいことを思いついた順に箇条書きにしてみてください。いくつ出してもいいです。思いついたときにメモしておけば，必要なときにそこからよさそうなものを2～3つ選ぶことができます。

もし最近知ったばかりのこと，あるいはあまりよく知らないけれど言いたいことがある（説明しなければならないことがある）場合，あなたはどうしますか。もっともよいのは，わかるように調べて，自分なりに理解を整理しておくことです。もっとも避けたいのは，よくわからないのに用語を並べて説明することです。用語を使うなら，それの意味することを自分がわかる言葉で説明できるようにしておきましょう。よくわからないなら，わかるのは何かを整理しておきましょう。どんなに少しでもいいです。わかることとわからないことを区別しておくことは，非常に重要です。

■どの順番で話すか（書くか）

あなたがどの順番で情報を提供するかによって，わかりやすさや印象が変わります。

与えられた時間が短かったり，字数が少なかったりしたら，まず，与えられた課題について一番言いたいこと，言わなければならないことを言いましょう（書きましょう）。相手にどんなに時間がなくても，最初くらいは聞く（読む）時間があります。もし，そこでおもしろい，もっと知りたいと感じたら，もう少し聞いて（読んで）もらえます。課題と直接関係ないことは，時間や字数制限があってもなくても避けます。

次は，それについての詳しい説明です。このあとの「どう伝えるか」で詳しく述べますが，多くの場合，「具体的」で「わかりやすい」説明が求められます。特にエピソードの説明には具体性とわかりやすさが不可欠です。自分のことですから，細かく説明できますが，まずは思いつく説明をメモしてみましょう。通常，就職活動などで大学生に与えられる字数は決まっています。最初に書いた「一番言いたいこと」と最も関係があるものをいくつか選びます。そのなかから，説明がしやすいものを1～2つ選び，一度説明をつくってみましょう。

こんな作業をしていると，どのエピソードも説明が多くなってしまいますが，問題ありません。たくさん書いておいて，そのときの課題にもっとも合う部分，本当に必要なところだけを残せばいいのです。短くするのは簡単です。そのときに，1）原因と2）結果，1）最初の状態と2）その後の状態，1）自分の意見と2）裏づけ，など論理がわかりやすい順番に並べましょう。もしこのようなセットになっていない場合は，セットになるよう説明を加えましょう。

説明をつくったあとは，先に述べたように，誰かに読んでもらいます。発表の場合には，実際に立って話して時間を計ってみることをおすすめします。スライドを使う場合には，本番同様にスライドも使ってやってみましょう。決められた時間をオーバーした場合には，最初に立ち返り，自分が一番伝えたいことは何か，それに関係が薄いものがないか，もう一度吟味してみましょう。かなりオーバーしている場合には細かく削るより，段落ごと削ったほうがいいかもしれません。時間制限があるからと言って早口で話さず，余裕をもって話すようにすることが大切です。

### ■どう伝えるか

ここからは，どう伝えれば自分の説明や考え，気持ちがより相手に伝わるのか考えます。

#### ①具体的に伝えてみる

「○○さんって，どんな人？」「○○って，どんなところ？」と聞かれたとき，みなさんは上手に伝えることができますか。わかっているつもりでも，いざ言葉で説明するとなると案外難しいものです。私たちの考えや感想は実はぼんやりと曖昧で，それを言葉で相手に伝わるように説明するのはなかなか大変です。だからこそ，最近は多くの人がSNS等で写真や動画をアップするのでしょう。1枚の写真が言葉よりもはるかに多くを物語ることがあるからです。

動画で「リーダーシップがあり仲間を大切にする大学生のAさん」という人を紹介するとします。あなただったら，どんな映像を使いますか。たとえば「サッカーの試合で体力も気力も限界なのに，キャプテンとして仲間に声をかけフィールドを駆け回る様子」「オーケストラの指揮者として，うまくリズムや音が合わせられない後輩たちに笑顔でアドバイスし練習を繰り返している様子」等の映像があれば，Aさんが仲間を懸命に励ましリーダーシップを発揮している様子が伝わりませんか。

では，この映像を言葉にしてみるとどうなるでしょうか。つまり，具体的に表現してみるということです。「Aさんはリーダーシップがあり，大変な状況でも仲間のことを大切にして，チームをまとめています」というより「気温

39 度，延長戦にもつれ込んでも A さんは走り回りながら声をからして部員たちを励まし続けます」「リズムや音が合わない後輩に笑顔でアドバイスし，音がぴたりと合うまで繰り返し練習を続けます」と書いてみる。同じ字数で表された A さんの様子，どちらのほうがイメージが膨らんだか，つまり，みなさんに伝わったでしょうか。

「私は個性的じゃないし，エントリーシートに書くことがありません」と言う学生がいます。しかし，私たちは 1 人ひとり違う人間で 10 人いたら十人十色です。あなたの体験はあなただけのものであり，具体的に書けば書くほど，それは個性，「自分らしさ」につながります。具体的な言葉が相手にあなたという人の人間像を想像させる，これが相手に伝わるということです。もし「具体的に」ということが難しかったら，どんな映像で伝えればいいか考えてみてください。

②自分の言葉で伝える

私たちが人から話を聞いて心が動かされるとき，それはどんなときでしょうか。

結婚式で新郎の父親の挨拶を聞き，こちらまで胸が熱くなったことがあります。途中言葉につまってしまったり，事前に用意した内容を忘れてしまったり，失礼ながら決して話が上手なわけではありませんでした。しかし，そこに出席していた人たちが感動した。それはマニュアル本にあるような型通りの挨拶ではなく，父親が自分自身の気持ちをなんとか伝えようとし，それが聞いている人に伝わったからにほかなりません。

コミュニケーションにおいては，声や顔の表情など言葉以外のものから伝わるメッセージが全体の 7 割から 9 割ともいわれています。また，私たちは声や表情から相手の感情を感じ取るともいわれています。言葉とともに，父親の声や顔の表情，身振りなどからも気持ちが伝わったからこそ，人々が感動したのです。

就職の面接で，暗記した内容を上手に話すことだけ考えていたら，ただその場をうまくやり過ごそうという気持ちだけが面接官に伝わるでしょう。この企業に入って働きたい，社員の一員となって仕事をしてみたいという気持ちを自分の言葉で伝えればよいのです。だからといって「入りたい」「働きたい」と熱い想いを訴えるだけでは，独りよがりの独り言になってしまいます。なぜこの企業に入りたいのか，他の企業でなくここなのか，何度も自分に問い直してみる。それにより自分の考えが言葉に凝縮され，気持ちも色濃くなります。そしてその想いを下手でもいいから言葉を尽くして相手に伝える。それが，言葉だけでなく声や顔の表情などにも表れて相手に伝わる，つまり人の心を動かすのです。

③率直に伝える

みなさんは友達から誘われて気乗りがしないとき，断ることができますか。相手の意見と異なるとき，自分の意見を正直に言うことができますか。相手を優先し自分を後回しにしてばかりでは，ただただ不満や劣等感が溜まります。反対に強引に主張しすぎては，相手との関係が悪くなってしまいます。

「アサーション」という考え方があります。自分を大切にし，他者にも配慮し，「互いに率直に，素直に，正直に自分の気持ちや考え方を伝えあい，聴きあう」自他尊重のコミュニケーションのことです（平木，2009：27)。意見が異なることやNOと率直に言うことは，相手の人格を否定することではなく，むしろ前向きで健全なコミュニケーションのあり方です。いいコミュニケーションとは，たくさんおしゃべりをすることでも，自分を一方的にアピールすることでも，相手を言い負かすことでも，流暢に話すことでもありません。相手のことを理解する，しようと努力する。自分のことを理解してもらう，してもらえるように努力する。その行為や姿勢に裏がなく率直で気持ちがよいということです。

学生時代は「仲間」とだけ付き合い何となくわかり合えていても，社会に出ればそうはいきません。親くらい年齢の違う人や，育児や介護中など自分とは異なる状況にある人とも働くことになり，「マジ？」「だよね！」という仲間内でのコミュニケーションは通用しなくなります。社会がさらに多様化すれば，地域のコミュニティに外国人がいることも珍しくなくなります。世代や性別，出身国などの違う人とは育った環境も文化も違うわけですから，当然価値観も違い，自分のあたりまえは通用しません。自分の考えや気持ちを伝えることが今以上に重要になるのです。視野を広くもち，異質な価値観や考えに遭遇しても偏見をもたず，相手を理解するよう努め，自分の考えや気持ちを正直に，率直に，丁寧に伝えましょう。学生時代は失敗が許される期間です。さまざまな人に出会い，失敗を恐れず，コミュニケーションの練習をたくさん積んでください。

## 4 振り返りのポイント

・意識的な情報発信だけでなく，無意識に情報発信していることにも留意する。
・すぐにアイディアは出てこない。思いついたときにメモしておいて，時々見返す。
・自分の言葉で率直に書いたら，他の人に読んでもらって，伝えたいことが正しく理解されるかを確認する。

## 5 エクササイズ

まず，「責任感が強い」「リーダーシップがある」など，自分の性格（長所）を一言で考え，それを表すエピソードを具体的に300～400字ぐらいで書いてみましょう。そのエピソードを友達に読んでもらい，あなたが考えたあなたの性格を当ててもらいましょう。あなたは友達のエピソードを読み友達の性格を当ててみましょう。

次に，そのエピソードをお互いにもう一度読み合い，性格がよりはっきり伝わるためにはどうすればいいか，もっと詳しく書いたほうがいいところや余分な説明がないか，わかりにくいところはないか，率直にアドバイスや質問をし合いましょう。

最後に，友達のコメントや質問を参考に，自分のエピソードを修正したら，さらに他の人にそれを読んでもらって，あなたの性格を当ててもらいましょう。

## 6 おすすめの本＆読むポイント

■八代京子ほか『異文化コミュニケーション・ワークブック』（三修社，2001 年）

自分の態度や考え方を振り返る活動を試してみたい人に，おすすめです。

■平木典子『改訂版 アサーション・トレーニング――さわやかな〈自己表現〉のために』（日本・精神技術研究所発行・金子書房発売，2016 年）

自分らしくコミュニケーションするためにはどうしたらいいか，考えてみてください。

### 引用・参照文献

平木典子，2009，『改訂版 アサーション・トレーニング――さわやかな〈自己表現〉のために』日本・精神技術研究所（発行）・金子書房（発売）。

大橋理枝・根橋玲子，2019，『コミュニケーション学入門』放送大学教育振興会（発行）・NHK 出版（発売）。

八代京子・町惠理子・小池浩子・磯貝友子，1998，『異文化トレーニング――ボーダレス社会を生きる』三修社。

# 第9章

# 行動を始めてみよう

さて，自分にとって大切なものが見えてきましたか？ここまで，さまざまな見方を学びながら，自分のことを見つめてきました。しかし，ただ一生懸命に考えるだけでは，キャリアにつながる“きっかけ”をつかむことはできません。自ら行動し，成功や失敗を繰り返すことこそが大切です。この章を通して，自分らしいキャリア形成に向けた第一歩を踏み出しましょう。

# 第 1 節

# 質問する

## 1 テーマのねらい

ここまで，たくさんのテーマについて学んできました。その学びのなかで，どのようなことを考え，感じましたか？「なるほど！」と思うこともあれば，よく理解できないこともあったでしょうし，何かモヤモヤしたものが自然に湧き上がってくることも，まったく興味がなかったこともあったかと思います。そのようなさまざまな感じ方をもつ人間同士が関わるなかで，伝え方というのはとても大切です。ここでは，まず，どのような伝え方をしているのか自分の癖に気づくことから始めます。この節では，実際に質問をする練習を通して，伝えるスキルを身につけることが目標です。

## 2 学習のためのヒント

・なぜ，質問をする必要があるのでしょうか？
・自分の伝え方の癖を知る方法はあるのでしょうか？
・伝え方が上手になるには何をすればよいのでしょうか？

## 3　何のために質問をするのだろう？

私たちは，物心がついたときから，あらゆる質問をしながら成長してきました。おそらく質問をした経験のない方はいないのではないでしょうか。質問には，個人の情報，事実，経験，好み，志向，根拠，提案など，たくさんの種類があると報告されています（道田，2011；林・山本，2013 などを参照）。ただし，物事や話を単に見聞きするだけでは，このような多様な質問ができるようにはなりません。

2歳〜6歳くらいになると，「なんで？」と日常生活の些細なことを何度も聞くようになると言われています。このとき，子どもは，見聞きしたことの全体が何を意味しているのかを考えつつ，そこに論理的な整合性や一貫性がないと感じたことに対して，「なんで？」と言葉を発しているのです。とはいえ，まだ十分な語彙や表現力がないうえに，直感的に何がどのように「おかしい」と思ったのかは，本人でもあいまいであることが多く，うまく質問を伝えることができません（山下編，2002）。みなさんも，自分の質問への大人の回答を聞いて「そういうことではない！」と思ったことがあるのではないでしょうか。つまり，自分がほしい答えを得るためには，質問をする目的を明確にすることと，質問の意図を伝えるためのスキルが条件となるのです。

ところで，質問をすることは役に立つのでしょうか？ わからないことは，インターネットで簡単に調べることができますし，わからないままでも，自分に必要がなければ，別に知らなくてもいいと思ってしまいます。たしかに，独学で知識を増やすことはできますし，たとえわからないままでも，必要なときに調べれば十分なのかもしれません。しかし，第6章1節でバイアスについて学んだように，誰もが物事に対して，偏った考え方をもっています。これ自体は仕方ないことですが，つまりは1人で考えることには限界があるということです。

フェスティンガー（1965）は，ある事実が自分の置かれた状況と矛盾が生じたときに，人は自分を正当化しようとする（認知的不協和）と言っています。

たとえば，「ダイエットにはカロリー制限が必要だ」とわかってはいるけれど「お菓子をやめることができない」ときに，「お菓子をやめてストレスがたまるのはよくない」と言い訳をすることがあります。ダイエットであれば，それほど問題がないかもしれません。しかし，緊急性が高いケースだとどうでしょうか。自然災害で避難勧告がでているのに，「荷物を持って避難することが面倒だ」といった気持ちが先立ち，「今まで被害にあったことがないから大丈夫だ」と自己正当をすることで逃げ遅れてしまうかもしれません（関谷・田中，2016）。

このような偏りを少しでもなくすために，質問が役に立ちます。私たちの考え方には，過去に経験してきた行動パターンが影響しています。たとえ波乱万丈の人生であった人でも，個人で経験できることには限界があります。だからこそ，自分とは違う経験をもっている人から，その事実だけではなく，考え方や見え方についても聞きだすことが鍵となるのです。

もう1つ，質問をすることのメリットがあります。私たちは，言葉のやりとりをすることで語彙力や表現力が向上していきます。また，自分の考えについて，コミュニケーションをとりながら外に対して発していくことで，思考力が高まると言われています（山下編，2002）。社会人となるために必要な思考力や表現力の基礎を身につけるためにも，大学内外の活動のなかで積極的に質問をしていきましょう。

### ■質問をするための準備をしよう！

#### ①自分の興味・関心に敏感になる

質問することが大切だということはわかったものの，急に質問をしなさいと言われても困りますよね。そもそも，興味がなければ，質問をする意欲さえ湧かないものです。とはいえ，仕事をする現場では，「興味がない」「面倒だ」と質問をしないことからミスや事故を招くこともありますので，大学生の間に質問ができるようになりたいですね。それではまず，簡単に疑問が湧くような場面で質問をする練習から始めてみましょう。あなたが今，一番，興味があることは何ですか？ 芸能人，恋愛，ゲーム，趣味，部活，アルバイトなど，毎日の生活を思い返して，疑問が湧きそうな状況を思い出してください。

次に，興味のある話題をイメージしながら，普段から，どのような疑問をもっているかを考えてください。難しいようでしたら，その話題で一緒に盛り上がれる仲間を思い出してみましょう。毎日，顔を合わせることができる仲間だけでなく，オンラインの仲間やアバターなどバーチャル上でコミュニケーションができる仲間でもかまいません。おそらく，興味がある話題であれば，聞きたいことや知りたいことが言葉として出てくるのではないでしょうか。

このように，どのような小さなことであっても，自分の興味・関心がどこにあるのかを意識する練習を繰り返すうちに，次第に質問をするタイミングやコツがつかめるようになります。

②表情の癖を知る

ところで，いま，みなさんはスマートフォンをもっていますか？ 授業では，スマートフォンが使用禁止かもしれませんが，自分の表現の癖を知るために，少しだけ許可をしてもらいましょう。さっそく，カメラ機能で「自分撮り（自撮り）」をしてみます。どのような表情をしていますか？ おそらく，急なこととはいえ，少しでもよく写るように表情をつくりませんでしたか？

表情は，思っているよりも，そのときの気持ちを正直に映し出すものです。特に，意識をしていないときには，正直に顔に出てしまいます。実は，教員も，授業中にみなさんの表情を見ながら，話を進めたり，課題を出したりしています。そして，教員も人間ですから，そのようなみなさんの表情に，一喜一憂しています。たとえば，同じ質問でも，興味がある表情で質問されたときと，面倒くさそうに質問されたときでは，わざとではないのですが，回答が変わります。

だからと言って，常に表情に気をつけるのは，とても疲れるし，難しいことです。せめて，自分がどのような表情をしているのかを知っておくと，いざというときに，相手に不快な思いをさせることを減らせるかもしれません。

**WORK**

「おもしろいと思ったとき」と「つまらないと思ったとき」の自分の顔を撮ってもらいましょう。なるべく素の状態の自分を出すことがポイントです。撮った２つのシーンの写真を比較してみて感じたことを書き出してみましょう。次に，いくつかの場面を設定して，どのような表情をすればよいのかを話し合ってみましょう。

③誰と話すかを考える

次に考えないといけないことは，「誰と話すか」です。伝えたい内容はもちろんですが，自分と相手との関係を把握することは，とても重要です。なぜならば，それによって話し方も，話す事柄も，話す順番も変わってくるからです。

日常生活を振り返ってみましょう。みなさんは，先生には敬語を使いますが，友達には使わないというふうに話し方を変えますね。また，地元の友達とは方言で，大学の友達とは共通語で話すかもしれません。このように，私たちは，相手によって話し方を変えています。

もちろん，相手によって話し方を変えるのは，日本だけではありません。程度の差はありますが，ほとんどの国で相手によって言葉や言葉遣いを変えます。ただ，日本は他の国に比べて変え方が大きく，また細かく変えるという特徴があります。たとえば，敬語は，自分と相手の関係によって大きく言葉が変わります。就職活動をするときになって，敬語を使い始める大学生が多いですが，自分より目上の人，あるいは初対面だからといって，誰にでも「おっしゃる」を使えばいいというわけではありません。

では，相手との関係がわからないときにどうしたらよいのか，と思うかもしれません。でも，よく考えてみてください。私たちは通常，名前や顔を知らない人と話すことはあっても，まったく関係がわからない人と話すことは少ないです。就職活動中に合同説明会について問い合わせをする場合は，企業の人事担当者とその企業に関心をもっている大学生ですし，希望の企業にOB・OGがいるかを就職支援課に尋ねる場合は，大学の職員と学生という関係です。

自分と相手の関係性を考えることは，自分の立ち位置を知ることでもあります。私たちは，話す相手に興味をもち，質問の内容や方向性，または表現方法を変えることで，さらに新しい関係性をつくりだすことができるのです。

### ■伝わる質問をするためのポイントとは？

#### ①目的を考える

質問をするための準備ができましたか？ いよいよ，実際に質問をする段階になります。せっかく質問をするのですから，しっかりと相手に伝えたいですね。冒頭で述べたように，自分が知りたかったことを引き出せるような質問をするためには，目的を明確にしておくことが大切です。それは，知識を深めたいのか，経験を知りたいのか，考え方や価値観を確認したいのかなど，質問をする目的によって，質問の仕方が変わるためです。

まず，知識を深めたい場合，「〇〇の意味は何ですか？」など，インターネットで調べればわかることを質問することは，とてももったいないことです。せっかく専門家に聞く機会をもったのであれば，インターネットだけでは知りえないことを質問しましょう。そのためには，テーマの内容について日頃からアンテナを張っておくことが前提です。授業中や日常生活のなかで，疑問に思ったことはメモに書き留めておきます。すると，自分がわからないことが何なのかが見えてきます。

次に，話し手の経験を知りたい場合，相手を尊重する気持ちをもつことが大切です。「経験」とは，その人の生きざまそのものでもあります。ですから，当然ながら，楽しいことばかりではありません。楽しい話題であったとしても，話している途中で涙がでてきたり，言葉につまったりするようなこともあるでしょう。聞いている側が，大したことではないと思ったとしても，話すことができないもっと深い事情があるのかもしれません。または，言葉の表面だけ見ていて，その人の語る真実が見えていないこともあります。だからこそ，決して興味本位で質問をしないことが重要です。

さて，話し手の考え方や価値観を確認したい，問題提起をしたいといった場合ですが，質問の前に，必ず自分の見解を伝えるようにしましょう。みなさんも，突然「間違いだと思います」と言われると，返答に困ってしまいますし，ショックですよね。だからといって，相手に遠慮して，「おかしい」と疑問に感じたことを曖昧にしてしまうと，お互いにとって何も得るものはありません。先に，何に疑問や矛盾を感じたのか，なぜ疑問に思ったのかなど，自分の考えを伝えたうえで，話し手の考えの真意を聞きたいといった態度を示すようにしましょう。

**②伝えることは，聞くこと？**

ところで，伝え方が上手な人というと，どのような人を想像しますか？ 多くの人が「たくさん話す人」「おしゃべりが上手な人」「物怖じしないで人と話せる人」「アピールが上手な人」，つまり話す量が多いことや積極的に話すことができる人をイメージする傾向にありますが，はたしてそうでしょうか。伝え方が上手な人としてよくあげられるのがアナウンサーです。また，最近ではお笑い芸人やタレントと呼ばれる人たちを思い浮かべる人もいるでしょう。冗談を言っておもしろおかしく進行する姿を見ると，自分もあんなふうに場を盛り上げられたらいいなと思うかもしれません。

では，アナウンサーやタレントは１人で饒舌に何分も話し続けているでしょうか。おもしろい話をして強引に自分をアピールしているでしょうか。テレビの情報番組やバラエティ番組を想像してみてください。司会者が，専門家の解説や，ゲストの経験や考え方などを引き出すために，質問をしたりコメントしたりしていますが，発する言葉の量は決して多いわけではありません。ゲストの話を遮らないように，間合いを読んで質問やコメントをしており，黙って話を聞いている場面が案外多いことがわかります。それは，相手の話をよく聞いて理解していなかったら，相手の魅力を引き出す質問などできないからです。伝え上手な人は「話し上手」なだけでなく「聞き上手」でもあるのです。

よい聞き手になるには，相手の説明を自分の頭のなかで整理しながら聞くことが重要です。そうすれば，知らなかった言葉や概念，筋道が通っていなかったところ，説明を聞いたことで新たに興味をもったところなどを質問につなげることができます。また，相手が考えや気持ちを表現したときには，それを理解しようと自分の気持ちを相手に近づける努力をしながら話を聞くことが大切です。

しかし，いくら想像力を働かせても，必ずしも理解できるわけではありません。私たちは，1人ひとり生まれ育った環境も経験も違うのですから，違う考えをもっているのはあたりまえだからです。どうしてもわからなければ，時には勇気を出して尋ねることも大切です。そして，相手が話したくないことを聞いてしまったときは，率直に謝りましょう。反対にあなたが尋ねられたら，なぜわかってくれないのだと悲しくなったり怒ったりせず，相手が自分を理解しようとしてくれているのだと考えましょう。

**③相手に興味をもつ**

では，聞き上手になって伝わる質問をするには，どのようにしたらいいでしょうか。それは相手に興味をもち，相手の話をよく聞くことと，自分の考えと違っても，相手の考えをすぐに否定せず受け入れることです。そして，質問する目的に向かって，素直に質問を重ねていきます。インターネットなら気軽に質問できるけれど，対面だとうまく質問できないという人もいるでしょう。対面では言葉だけではなく，相手の表情や声などからのメッセージをキャッチすることも大切です。

最初はなかなか質問が思いつかなかったり，的外れなことを聞いてしまったり，うまく質問ができないかもしれません。ですから，ある程度慣れるためには練習することが大切です。質問するための準備の段階では，自分の興味・関心がどこにあるか意識することをおすすめしましたが，次のステップとして，相手や相手の話のなかから自分の興味・関心のあることを見つけて具体的な質問をしてみましょう。

たとえば「友達や家族，先生との会話で意識的に質問してみる」「就職活動のための企業説明会に参加したら，1つでもいいから質問することを自分に課してみる」などが実践の場になります。知らない人に質問するのは勇気がいりますが，カフェに入ったときに「このコーヒーとこのコーヒーの違いは何ですか」とか「おすすめのケーキはどれですか」などのちょっとした質問から試してみるのもよいでしょう。思いもよらなかった情報や知識を得たり，新しい考え方を知ったり，お互いの共通点が見つかったり，思いがけずおしゃべりが盛り上がったり，質問の楽しさを実感できるでしょう。質問力をつけるためには，そういう小さい練習を繰り返して，自分なりの方法を獲得していくしかありません。そして，練習をしているつもりが，知らぬ間に，自分の偏った考え方や見え方を少しずつ広げていくことにつながっていくのです。

日本は，これから本格的な多文化共生の時代を迎えます。みなさんの周りにも外国人が増え，異なる文化や考えをもつ人と学んだり，働いたり，一緒に暮らしていくことになるでしょう。複雑化する社会の課題を一緒に解決しなければならない場面もあるでしょう。異なる文化や考えをもつ人と共に生きることは，異なるからこそおもしろく楽しいこともたくさんあります。

しかし，「なぜ？」「どうして？」と理解できないこともあり，時として摩擦を生み，争いにつながってしまうこともあります。それを避けるためには，①自分とは異なる相手に興味をもち，率直に質問してみる，②相手の考えや気持ちが理解できなかったときには，正直にそれを伝えてさらに質問してみる，③自分の考えや気持ちを伝えて理解してもらえなかったら，相手に質問してもらい誠実に答える，これを繰り返しながら折り合いをつけ，それぞれが満足できる新たな価値観や方法を生み出していくことが大切です。そうした時代に生きるみなさんにとって，「質問力」は非常に重要なスキルになることでしょう。

## 4　振り返りのポイント

・質問をすることで，思考力や表現力の幅を広げることができる。
・「何のために」「誰と」「どのように」を考えながら，自分らしい伝え方を工夫する。
・日常生活のなかで質問をする練習をすることが，社会人となったときの強みにつながる。

## 5　エクササイズ

① 35 歳以上の社会人 3 人以上に，次の質問をして，その理由やエピソード

を聞いてみましょう。

※協力者を探す際の注意点や個人情報の取り扱い方などは，教員の指示に従ってください。

・今の仕事に就いたきっかけ

・仕事のやりがいや達成感

・最大のピンチとその乗り越え方

②質問をするときに注意したことや，話を聞いたことで新たに知ったことや感じたことをグループで共有して，質問をする意味や注意点について話し合いましょう。

## 6 おすすめの本＆読むポイント

■ジェフリー・S・アイリッシュ『幸せに暮らす集落――鹿児島県土喰集落の人々と共に』（南方新社，2013 年）

人に何かを尋ねるとき，自分は「よそもの」であることがほとんどです。この本は，よそものであるからこそ，そこに日常としてあるものを新鮮に感じるおもしろさだけではなく，尊ぶことの大切さを教えてくれます。

### 引用・参照文献

フェスティンガー，L., 1965,『認知的不協和の理論――社会心理学序説』（末永俊郎監訳）誠信書房。

林秀治・山本和英，2013,「質問意図による QA サイト質問文の自動分類（言語理解とコミュニケーション）」『電子情報通信学会技術研究報告』113（83）：51–56。

道田泰司，2011,「授業においてさまざまな質問経験をすることが質問態度と質問力に及ぼす効果」『教育心理学研究』59（2）：193–205。

関谷直也・田中淳，2016,「避難の意思決定構造――日本海沿岸住民に対する津波意識調査より」『自然災害科学』35（特別号）：91–103。

山下富美代編，2002,『図解雑学 発達心理学』ナツメ社。

# 第 2 節

# グループで話し合う

## 1　テーマのねらい

この節では，グループで活動する際に大切な姿勢について考えます。これから，さまざまな場面で他者と協力しなければならないことがあります。そのようなときに生まれる疑問・戸惑う点について考えます。具体的には「仲間と協力して問題解決するにはどのようにすればよいの？」「話し合いを円滑に行うにはどうすればよいの？」といったような問いについて考えることが目標です。

## 2　学習のためのヒント

・仲間と協力し主体的に活動するためにはどのような意識が重要でしょうか？
・話し合いをする際，どのような姿勢が重要でしょうか？
・話し合いを円滑に進めるにはどのようにすればよいでしょうか？

## 3 集団での問題解決に主体的に関わる

### ■主体的に行動するってどういうことだろう？

ここからは，第1章から第8章を通してあなたが学んできたことを踏まえながら，自分らしいキャリアをデザインし実行するために自分から動き出す準備をしていきます。この，自分から動き出すことである「主体性」は，（多くの大人が言うように社会に出てから重要であるばかりでなく）あなたが今後の自分らしいキャリアを描いていくために重要なことです。よく使われている「主体的」という言葉は少々とっつきにくい印象があります。辞書に載っている意味では「自分の意志・判断に基づいて行動する様」（北原編，2011）となっています。ここでは，この主体的という言葉を「自分らしく，のびのびと」という意味でとらえてみましょう。あなたは日々，自分らしくのびのびと活動することができていますか？ この節を通して，これまでみなさんが他者との関わり合いのなかで目標の達成，問題の解決を目指す場面において，どのように行動してきたか，今後どのようにしていきたいか見つめなおしていきましょう。

まず，他者との協力について考えていきます。これまでのみなさんの経験からも，他者との協力・協働について一筋縄ではいかないことを感じている人も多いのではないでしょうか。たとえば，一緒に活動していく人のなかには好きな人もいれば，苦手な人もいます。また，自分と同じような感覚，モチベーション，スピード感で物事に取り組む人もいれば，マイペースに仕事を進める人，とてもモチベーションが低い人，何を考えているのかよくわからない人もいます。このようにあなたの周りにはさまざまな人がいます。では，あなた自身のことについて思い返してみましょう。グループで物事に取り組む際に，目的や役割によってモチベーションが異なるというようなことはありませんか？ 集団で活動するときには，あなた自身の特性も踏まえながら，多様な人たちと協力していくことになります。

## ■集団で目標を達成するための１人ひとりの役割とは何だろう？

みなさんはこれまで，何かの集団に所属して目標に向かって活動した経験があるでしょうか？　少し思い出してみましょう。中学校等のクラスでの文化祭や体育祭の活動，部活動，掃除などの当番での活動，授業で調べ学習をするときにつくられたグループでの活動などです。たとえば，小学生の頃の給食当番も，給食を配膳するという１つの目標に向けて集団で協働した活動です。そして，これからの大学生活やその後の社会生活においても，集団での活動に関わる機会は多くなることが考えられます。

ここでは，集団での活動を円滑に行うためにはどのようにすればよいのかということについて考えてみます。集団での活動を行う際の役割を考えると，まず思い当たるのが「リーダー」ではないでしょうか。よく，「リーダーを育てる」「リーダーシップを発揮する」というような言葉を目にします。リーダーが大切なものであるということは事実です。しかしそれだけでは集団での活動はなかなかうまくいきません。これまでのあなたの経験において，ある活動でリーダーを任されたときに「自分に大変な仕事が回ってきてしまった」と思ったりしたことはありませんか？　しかし，本来リーダーとはグループのなかの役割の１つです。そして，リーダーではない人たち１人ひとりの存在がリーダーに匹敵するほど重要な意味をもっています。どんなに素晴らしいリーダーがいてもその周りの人たちがそれぞれの役割を果たすことができなければ集団での問題解決はうまくいきません。

では，この「リーダーではない人たち」が集団での問題解決・目標達成に向けていかに大切かを考えていきます。集団のなかで「リーダーではない人たち」には個性に合わせてそれぞれの大切な役割があります。といってもその役割というのはあらかじめ決まっているものではありません。集団での活動のなかであなたらしくのびのびと，つまりあなたの個性・よいところを発揮し，他者と協力しながら主体的・積極的に活動に加わることが集団での活動において役割を果たすということです。

個性・よいところは人それぞれです。ムードメーカー，いいアイディアをたくさん思いつく，物事を他人に伝えることに長けている，リーダーシップがある，地道にコツコツ活動できるというように，他の人にはないあなたのよいところがあるはずです。そして，集団で問題解決を行うためには，それぞれ異なる長所をもった人が短所を補い合いながら活動していくという意識をみんなが共有していることが大切です。このように考えることができれば，これからの生活のなかで集団で課題解決する場面に出くわしたとき，自分はリーダーじゃないからと委縮し，人任せにしてしまうこともなくなるかもしれません。

## ■話し合いをするってどういうことだろう？

### ①話し合いの大切さ

ところで，集団での問題解決につきものなのが「話し合い」です。少し難しい言葉でいうと「議論」です。議論とは「ある問題についてそれぞれが意見を出し合って論じること」（北原編，2011）です。ちなみに「論じる」を調べてみると「ある物事について筋道を立てて述べる」ということです。これまで，部活動などのグループで「話し合い」や「議論」をしたことがあるでしょうか。それはどのような内容だったでしょうか。思い出してみてください。今後の大学生活や，そのあと社会に出てからも集団で問題を解決する際に議論はつきものです。それだけに，しっかりと議論できるかということが重要視されています。

実際に，就職活動の際にはしばしば，選考手段の１つとしてグループディスカッション，つまり議論の審査があります。これほどに「議論」することが重要視されていますが，議論するということは具体的にどのようなことでしょうか。よくグループディスカッションが苦手という学生がいます。議論が苦手とは具体的に何をすることが苦手なのか，考えてみましょう。

**WORK**

あなたが議論を行う際に①苦手なことは何でしょうか，②それはなぜ苦手なのでしょうか。以上の２点をセットにして箇条書きしてみましょう。

②話し合いに参加する心構え

それでは「議論して問題を解決する」ということを今回は「ある問題について，参加者が意見を出し合い，筋道を立てて解決に導くこと」とします。「議論」についての解説を行うとしばしば，何を主張するのか，主張を裏づける根拠は何なのかといった話になってきます。しかし，慣れていない人は，集団のなかで発言することさえ一苦労なのではないでしょうか。そこで，今回は第一歩として，どのような心構えで「話し合い」に参加するかを考えていきます。話し合いのなかで大切なことは，この章の1節で学んだように他者とコミュニケーションをとることです。少し具体的に考えてみると，話し合いのなかでは①受信，②思考，③発信を繰り返していくことになります（自分から話を始める場合は②思考からのスタートになります）。それぞれの具体的な行動を考えると，①受信：他者の発言や表情を受け止める，②思考：①を受けて他者の考えや自分の意見について思考する，③発信：②について他者にわかりやすく伝達する，という3点になります（ヒューマンパフォーマンス研究会編，2013）。

では，例を通じて話し合いに参加してみましょう。「遠足に持参するバナナは，おやつとして取り扱われるのかどうか」という問題を解決するための話し合いを行っているとします。A君は「休日のお昼ごはんに，いつもバナナを食べるので，バナナはおやつではないと思います」と発言しました。さっそく①受信をしてみましょう。「バナナは昼食（食事）のためのものである」「遠足に持参するバナナはおやつ（つまり間食）には該当しない」という意見がでてきましたね。では，②思考です。あなたはA君の意見に賛成ですか？ 反対ですか？ 一部については賛成だけれど他の部分については反対だということも考えられます。また，その理由は何でしょうか？ もしくは，A君の考え方とはまったく異なったバナナに対する熱い思いをもっている場合もあるでしょう。最後に③発信では②思考で考えたことをわかりやすくまとめて他者に伝えます。わかりやすく伝えるということについてはこれまで本書でも学びましたね。話し合いが不得意だ！（私もそうでしたが）という人はこの3点のなかでどれが不得意なのか，それはなぜなのか，どうすれば改善できるのかを考えてみましょう。

話し合いの場にはしばしば，自分とまったく異なった意見をもっている人がいます。異なる価値観，多様性についてどのように考えていくかということも本書を通じてすでに学んできました。そのような場においては特に，建設的な態度で臨むことがとても大切です。にこやかな表情や相槌を打つだけでも話し合いの場はよいものになります。また，お昼ごはんにいつもチョコレートを食べているＢ君はＡ君に対して「お昼ごはんにバナナを食べるのはおかしい！！」と思うかもしれません。しかし，少し違和感をもつような意見が出てもすぐに否定をするのではなく，まずは多様性を尊重し，肯定的に受け止めようとする姿勢が重要です（伊藤・中島編，2019）。どうしても納得できない意見であれば，なぜそのように考えるのか等を相手に尋ねてみるのもよいでしょう。補足ですが，他者の意見に違和感をもつということは決して悪いことではありません。なぜ違和感をもったのかということを考えていくことで，自分の考え方の特徴を把握するきっかけにもなります。その違和感を共有することで話し合いがよい方向に向かうこともあります。

話し合いの場では他者と対面でかつリアルタイムに話題が展開しているために，普段ゆったりとしたペースで物事を考える人にとって最初は難しいかもしれませんが，怖がることはありません。経験して少しずつ慣れていきましょう。時折，日本人はその他の国の人と比べて話し合い・議論が上手でないということを耳にします。実際に，私が海外で研究の計画についての話し合いに参加した際，参加者は強気で，立場にかかわらずはっきりと自分の主張やその根拠を述べていました。私は，「その主張・根拠はこれまでの知見によると誤りなのではないか！？」と感じました。そして，「ここでしっかり意見を述べないとこの研究は失敗してしまう」という危機感から，柄にもなく日本にいるときには考えられないような強気（虚勢ですが）な態度で反論したことを覚えています。議論の上手・下手に関係あるかはわかりませんが，参加者の議論に臨む姿勢や発言が日本とは異なっていると感じる経験でした。

## ■ファシリテーションとは何だろう？

話し合いの場で①受信，②思考，③発信を行い，建設的な態度で臨むことが大切であることを述べてきました。しかし，それでもなかなか自信をもって参加することができない人もいるかと思います。そんなときに，話し合いを円滑に行うことができるようなサポート，いわゆる「ファシリテーション」をしてくれる人のことを「ファシリテーター」と呼びます。これまで，みなさんが経験してきた話し合いにおける司会者に近い働きをする人です。しかしファシリテーターはただの司会者ではありません。

ファシリテーションとは「集団による知的相互作用を促進する働き」のことを言います（堀，2004）。したがって司会者のようにタイムキーパーをしながら会を進めるだけでなく，様子を見ながら，参加者同士の相互作用を促進させ，問題解決に向けて話の流れを導いていくことになります。具体的にファシリテーターが何をするのかいくつか例を挙げてみます。

まず，参加者の意見を好意的に取り上げ，参加しやすい雰囲気をつくることや，参加者の意見を引き出すことを行います。出てきた意見について近いものや，反対のものなど，意見をグループ分けして流れを整理し，参加者の理解を進めることもファシリテーターの役割です。また，最後の局面では論点を絞っていき結論をまとめていきます（堀，2004）。このようなファシリテーションについては，話し合いの流れや参加者の様子を確認しながら，臨機応変に対応することが大切です。話し合いのなかで，あなたがファシリテーターになる機会もあるかもしれません。もちろん前に述べたように，個人的な向き・不向きというようなこともあります。ファシリテーションではこれまで学んできたことを総合的に活用しながら，円滑なコミュニケーションを手助けするような役割を果たします。あなた自身もファシリテーターを経験することで，「自分らしく，のびのび」と活動できるスタイルを探してみましょう。

## 4 振り返りのポイント

・話し合いには肯定的・建設的な態度で臨む。
・話し合いを円滑に進めるためのファシリテーターという役割がある。
・集団のなかでは１人ひとりにその人に応じた大切な役割がある。

## 5 エクササイズ

この節で学んできたことは，あなた自身がこれまで経験してきた，もしくはこれから経験すると考えられる場面においてどのように応用していくことができるでしょうか。例を通して考えてみましょう。

**例題**：あなたはあるグループ学習で高校（もしくは大学）がある地域の災害避難所の数や設備，地域に果たす役割について調べてまとめるワークをしていたとします。あなたが以下の２つのグループのメンバーの一員になったとき，あなたはグループのなかでどのような役割を果たそうと考えますか？ 具体的な場面を想定しながら考えてみましょう。

**回答例**：話し合いの場面では，私の「冷静に状況を整理する」という長所を生かして，ファシリテーターとして「奇抜なアイディアをたくさん思いつく友達」や「自分の意見をしっかりと発言することのできる友達」から出てくるたくさんの意見を整理してまとめる。

【グループ①】みんなを引っ張っていけるようなリーダー
＋
地道な作業をコツコツできる友達
＋
奇抜なアイディアをたくさん思いつく友達
＋
自分の意見をしっかりと発言することができる友達
＋
あなた

【グループ②】地道な作業をコツコツできる友達
＋
地道作業をコツコツできる友達（その２）
＋

奇抜なアイディアをどんどん思いつく友達

＋

博識だがあまり自分の意見について発言しない友達

＋

あなた

## 6　おすすめの本＆読むポイント

■ヒューマンパフォーマンス研究会編『大学生のためのキャリアデザイン――大学生をどう生きるか』（かもがわ出版，2013年）

グループでの活動で重要となるコミュニケーション力について具体的に説明されています。また，就職活動にも通じるような内容がまとめられており幅広い学年の大学生におすすめです。

■堀公俊『ファシリテーション入門』（日本経済新聞社，2004年）

ファシリテーションについて，わかりやすく構造的に説明されています。ファシリテーションに挑戦してみたいという人におすすめです。

### 引用・参照文献

堀公俊，2004，『ファシリテーション入門』日本経済新聞社。

ヒューマンパフォーマンス研究会編，2013，『大学生のためのキャリアデザイン――大学生をどう生きるか』かもがわ出版。

伊藤奈賀子・中島祥子編，2019，『大学での学びをアクティブにする アカデミック・スキル入門〔新版〕』有斐閣。

北原保雄編，2011，『明鏡国語辞典第二版』大修館書店。

# 第 3 節

# イベントに参加する

## 1 テーマのねらい

この章では「行動を始めてみよう」をテーマに，自分の考えやその発信について学んできました。何か気づきがあったでしょうか？ あったという方もなかったという方もいると思います。または，「あともう一歩で気づきそう」と感じている方もいるかもしれません。そのようなとき，実際に「行動を始めてみる」のはいかがでしょうか？ ここでは「行動する」ということは何を意味していて，どのように始めればよいのか一緒に考えることが目標です。

## 2 学習のためのヒント

・「行動を始める」ことの意義は何でしょうか？
・「行動を始める」ために何が必要でしょうか？
・自分の興味を（学校の）外にでて見つけてみましょう。

## 3 行動を始めるとは？

さて，ここでの「行動を始める」とは，より具体的にどのようなことでしょうか？ 前節までで，「質問をすること」や「議論をすること」について考えてきました。これらも一種の「行動」ととらえることができます。ここまで読み進めてきたみなさん，特にあなたが学生である場合，これらの「質問をすること」や「議論をすること」を学校の授業内での出来事としてイメージしていたのではないでしょうか？ ここでは一度学校を離れてみませんか？ 実際，人は大半の時間を学校外で過ごします。ここでは，「行動を始める」ということを，新しく学校の外に出て何かを行うこととして考えていきましょう。

ではなぜ，「行動を始めてみよう」と言っているのでしょうか。みなさんは，「あのときこうしておけばよかった」や「あの人の行動力すごいな」と思ったことはありませんか？ 言い換えれば，何かに気づいたとき，行動に移せず後悔したことはありませんか？ 達成目標があるにもかかわらず，行動せずに後悔した人は少なくないと思います。たとえば，テストに向けて，普段からコツコツ頑張ればいいことをわかっているのに，結局テスト直前になってから寝る間を惜しんで勉強をした経験はありませんか？ 達成すべき目標があるにもかかわらず，なかなか行動化できないという現象について，研究が行われています（及川，2012)。このような研究からも，行動経験の有無がその後の行動に影響するということが言われています。

少し視点を変えてみましょう。みなさんの勉強・部活・習い事を例にとっても，おなじようなことが言えます。たとえば，みなさんがテニス部だとして，テニス上達のため雑誌や本，Web で「テニス上達のコツ」を必死に勉強しました。そしてある必勝のコツに気づいたとします。あなたは次に何をしますか？ 勉強を続けるのか，友達を誘って実際にテニスをするのか。多くの人は実際にテニスをするのではないでしょうか。そして，必勝のコツがなかなか再現できないことに新しく気づくでしょう。この新しい気づきは，実際に行動に移すことによって得られた「経験知」といえるのではないでしょうか。行動に移すことで，必勝のコツという気づきを自分の経験として落とし込むことができたのです。

さて，みなさんはこれまで，このテキストを読んだことで頭の中にたくさんの気づきがあると思います。それを質問したり，議論することでより具体化してきました。たくさんの気づきがあるということ自体，とても価値のあることです。または気づきがなかったという方も，それ自体が一種の気づきといえます。では，この気づきをさらに自分のものにしてみませんか？ そのために，「行動を始める」ことが大切になるのです。もっていた気づきをさらに深いものにする・新しい気づきを得る・よい仲間に出会う，など行動を始めることにより経験を貯めていきましょう。ですが，「言うは易く行うは難し」とあるように，何かを行動に移すことはとてもハードルが高いものです。まずは一緒に「行動を始める」ために必要なことについて考えていきましょう。

### ■「行動を始める」ために何が必要か？

さて，みなさんは行動を始める際に何から取り掛かるでしょうか。ここで自分の経験を振り返ってみるのもいいでしょう。第３章２節では大学の外で学ぶことについて考えましたが，その際に扱ったアルバイトを考えてみるのもいいでしょう。今まで，学校の外に出て実際に何かを行ったことはありますか？ または，なにかのイベントに参加したことはありますか？ 習い事の発表会や試合などもその１つでしょう。アーティストのライブに行くことなどでもいいかもしれません。パソコンを使って自分のホームページをつくってみたり，YouTube に動画を投稿してみたりなども行動の１つかもしれません。実はみなさんも，意識しないまでもたくさんのイベントに参加し行動を始めていたのです。では，そのイベントに参加する際，つまり行動をはじめる際，何が必要だったでしょうか。

ここではわかりやすいように，「行動を始める」を「イベントへ参加する」に読み替えることとします。世の中には，地元の花火大会，好きなアーティストのライブなど，いろいろなイベントがありますね。さて，地元の花火大会への参加とアーティストのライブへの参加，みなさんはどちらが参加しやすいでしょうか？ 地元の花火大会は地元なので参加しやすいと思う人もいるかもしれません。また，アーティストのライブは近場で開催していればいいですが，移動費がかかるかもしれません。海外で開催される場合はなおさらです。このように，「イベントに参加する」ためにはハードルがあります。これは金銭的な意味でとらえがちですが，地元の花火大会に1人で参加は嫌だな，ライブも1人はちょっと……など心的な要因からくるハードルもあるでしょう。ハードルさえ下がればイベントに参加できる・行動が始められるのに。そう思ったことはありませんか？ では，このハードル，どうにか下げられないでしょうか？ このハードルをどう下げるか，一緒に考えていきましょう。

### ①全体像を把握しよう

さて，ハードルを下げるにしてもどのくらい下げればいいのか，まずは全体を把握することが非常に重要です。費用面でハードルがあるのか，1人での行動なのか，費やす時間なのか，そのほかに心理的・身体的なハードルがあるのか。考えうるハードルを書き出してみましょう。このとき，それぞれのハードルがどの程度高いのかも併せて考えるといいでしょう。

ハードルの高さでイメージするとわかりにくい方は，お金に換算してもいいでしょう。1人で参加したくないから，このハードルは5万円分。友達を誘えて2人で行けるなら，このハードルはなくなるので0円。でも友達を誘うのも難しいな……誘うこと自体が1万円分のハードルだな。など，考えられるハードルを書き出し，それに値付けをする。こうして，「イベントに参加する」ことが，どの程度のハードルなのか把握できると，どこの項目でハードルを下げればいいのか，自分のなかで整理できます。

**WORK**

「東京で開催される世界的人気アーティストのライブイベント」へ参加する際のハードルを計算してみましょう。表 9-1 のような計算表が書けたら，グループで共有してみましょう。同じイベントでも人によってさまざまなハードルがあるはずです！

表 9-1　イベントのハードル計算表

| イベント：東京で開催される世界的人気アーティストのライブイベント | | |
|---|---|---|
| ハードル計算表 | | |
| ハードル名 | 高さ（or 金額） | 補足 |
| 例）開催地が遠い | 3 m（1 万円） | 友達が誘えれば　−2 m（−0.7 万円） |
| 例）バイトが忙しい | 1.5 m（0.5 万円） | |
| | | |
| | | |
| | | |
| | | |
| | | |

②動機を補強しよう

さて，イベントに参加するハードルの全体像が見えてきました。みなさんのハードルはどの程度の高さでしたか？ 勢いよく飛び越えられそうなハードルなのか，ハードルではなく高跳びレベルなのか，はたまた，またぐ程度の小さいゴム紐レベルだったでしょうか？ 次はそのハードルを越えるステップです。

運動が苦手な人と得意な人がいるように，同じハードルでもその人によって越えられるかどうかは異なります。ここで，ハードルを越えるジャンプ力を上げるために動機を補強することが大切です。補強というと難しいかもしれませんが，高くジャンプをするためにしゃがんでみたり，助走をつけたりするイメージです。たとえば，遠いから・費用が高いからと思っていても，大好きな有名人と会えるイベントだとハードルが下がります。同じ大好きにも幅があり，どの程度大好きなのかによってもハードルの高さは変化します。このように，「大好きだから」といった動機によって，イベントに参加するかどうか（＝ハードルの高さ）は大きく左右されます。

この動機を強める方法には何があるのでしょうか。先ほどの例を振り返ると，自分が好きな人や物事であれば，動機は強いものになります。つまり，自分は何が好きなのか，何に興味があるのか，または，それをどのくらい好きなのか，を知っていることが動機につながる第一歩です。これらを知るためには，この章で取り扱った質問をしたり他者と議論したりすることがとても役に立ちます。質問や議論をすることで，「そう言われてみればそうか」や「そんな視点には気づかなかった」など，自分だけでは気づかなかった自分に気がつくことがあります。自分自身について今一度考え直してみることが，イベントに参加するためにも重要なのです。

さて，最後にハードルを越えるための裏技を紹介しましょう。それは，自分を支えてくれる，背中を押してくれるような補助を使うことです。動機を補強するための補助はさまざまあると思いますが，家族や友人からの後押しも自分の背中を押してくれます。イベントへの参加に関して迷ったときは家族や友人に相談してみることもいいでしょう。また，第3章 **Column I** にあるように，学校内にはさまざまな補助が用意されています。それらを活用することも有効です。補助を使うことにためらいがある方もいるかもしれませんが，補助を使うことは反則なんかでも恥ずかしいことでもありません！ みなさんも小学生のとき，逆上がりの練習で腰が鉄棒から離れないようにタオルを補助として使ったことはありませんか？ または，先生が背中を支えて回るのを助けてくれたり，はたまた，足でけれる補助板を使ったことはありませんか？ 慣れるまでは補助を使い，慣れてくれば補助なしでできてしまう。補助具を使うことはその後にとってとても効果的なものです。存分に使って，動機を補強していきましょう。

### ■自分に合うイベントって何だろう？

「行動を始める」気になってきましたか？ いざイベントに参加する場合，自分に合うイベントに参加したいと多くの方が思うはずです。では，自分に合うイベントとはなんでしょうか。たとえば，ゲームが好きな人であれば，ゲームのイベントに参加するのがよいのでしょうか。外国に興味がある人は，JICA（Japan International Cooperation Agency，国際協力機構）などのイベントに参加するのがよいのでしょうか。もちろん，それらはとても意味ある行動です。

では逆に，ゲームが好きな人にとって，JICA などのイベントは「自分には合わないイベント」なのでしょうか？ そうとは限りません。もともと外国に興味がない場合でも，参加してみれば新しい発見や経験ができるかもしれません。友達に誘われたのがきっかけで，よく考えずに参加した留学生体験談などのイベントを機に外国に興味をもち，JICA に就職する人もいるかもしれません。また，海外に興味がある人がゲームイベントに参加することで，海外ゲームが好きで海外に興味をもった人と出会い，一緒に海外に行くチャンスをつかむかもしれません。自分が気になることに関するイベントも自分に合うイベントと言えますが，その逆や，関心がそこまで高くないイベントもまた自分に合うイベントかもしれません。つまり，自身の興味＝自分に合う，ということではないということです。

とはいっても，多種多様なイベントから参加するものを選ぶ際，自身の興味というのは大きな指針になります。興味のあるテーマに関するイベントでさえ数多く存在します。そのように，多くの選択肢のなかから，どのようにして選ぶのか，そのコツをお伝えします。

**①イベントの形式**

ゲームが好きでとりあえずゲームイベントに参加してみようという方は，たくさんあるゲームイベントからどのイベントを選べばいいでしょうか？ どれが自分に合っているのでしょうか？

みなさんは図書館で本を借りる際，どんなテーマの本を借りるかは決まっていても，同じテーマについて書かれたさまざまな本から1冊を選ぶとき迷ったことはありませんか？ そんなとき，文庫本なのか，新書本なのか，または専門雑誌なのかなど，種類を決めて選んだことはありませんか？ または書かれた年代で決めてみたり，さっと目次をみてわかりやすそうなものを選ぶかもしれません。

同様に，参加するイベントを決める際にも，イベントの主催者や形式などに気を配るといいものが見つけられるかもしれません。主催者もいろいろあります。ゲーム会社なのか，広告会社なのかなどによって，同じテーマであってもあなたの興味により合うイベントがみつかるかもしれません。また，イベントの形式としては，演技・競技形式，展示形式，会議形式，式典形式，宴会形式などさまざまあります（イベント学会編，2008)。実際の実物を見たいのか，それらの評価を聞きたいのか，似たような関心をもつ友達を見つけたいのかなど，自身がどうやって・どのような情報を得たいのかによって，これらの形式が選ぶ指標の１つにもなりえます。どのようなイベントに参加すればよいのか迷ったときは，これらを参考にして自分が参加したいイベントを絞り込みましょう。

②決断せよ！

イベントの形式や属性で，ある程度の選択肢を絞ることができましたか？残る選択肢が３つ程度だったとします。これ１つだけ！ と限定せずに許容範囲を広げ，すべてに参加するのもよい経験になるでしょう。または，どうしても１つしか参加できないので３つから１つを選ぶ必要がある人もいるでしょう。この「決断」は，とても難しいことです。この「決断」がとても怖くなる方もいるでしょう。決断せずに置いておき，時間が経ってから思い直し，見直すと開催時期が過ぎていた，なんてことはよくあることです。

ここまで学んできたみなさん。勇気をもって決断をしてみましょう。みなさんはここまでよく考えてきました。このテキストを通して，大学生活での学びや経験がどのように将来のキャリアにつながっていくのか，生活と結びついているのかについて考えました。また，この節では，イベントに参加する意義は？ どんなイベントがあるのか？ イベントに参加するためのハードルは？など，多くを学び，気づきを得たと思います。今まで得た気づきをさらに深いものにする・経験に落としこむために自分が参加したいイベントに１歩，飛び出してみましょう。

## 4　振り返りのポイント

・行動すること／イベントに参加することで，自分の気づきを経験に落とし込むことができる。

・イベントにはさまざまな種類があるので，自分に合うイベントを多角的に検討する。

・イベントに参加するためには，イベントの全体像と自分についてよく知ることが重要。

表 9-2　イベントの動機計算表

| 動機計算表 | | | |
|---|---|---|---|
| 動機名 | | 高さ（or 金額） | 補　足 |
| 例）今年限定のイベント | | 4.5 m（1.5 万円） | オリンピック |
| | | | |
| | | | |
| | | | |
| 収支計算 | 自分の動機 | ハードルの高さ | 参加するかしないか？ |
| 例） | 4.5 m（1.5 万円） | 4.5 m（1.5 万円） | ぎりぎり？ 友達誘ってハードル下げる！ |
| | | | |

## 5　エクササイズ

①好きなアーティスト，自分の所属学科などさまざまなものから興味のあるテーマを選び，そこから，参加したいイベントをイメージしてみましょう。その際，開催形式などの決断のためのオプションも一緒に考えられるとなおよいです。

②表 9-1 のイベント名を自分の興味のあるイベントに変更し，自分の興味のあるイベントについて，ハードル計算表を作成してみましょう。また，表 9-2 を使って，自分の動機を量的に評価し，ハードルを越えられるかの計算もしてみましょう。

## 6　おすすめの本＆読むポイント

■竹内清文『手放せばうまくいく！――生き方が見つかるガラクタ整理』（PHP 研究所，2011 年）

自分は何が好きなのかを「感じて」決めることについて書かれています。自分についてよく「考える」だけでなく，「感じて」知ることも必要だと思います。その感じ方は考え方にもつながります。どう感じればいいのかを教えてくれる本です。おすすめです！

■漫画『君たちはどう生きるか』(吉野源三郎原作，羽賀翔一画，マガジンハウス，2017 年)

まさに，どう行動するか？ といった点に注目しながら読めるものだと思います。漫画形式で書かれているため，とても読みやすいです。学生のみなさんにはもちろん，これから「大人」になるみなさんにとっては，子どもと大人，2 つの視点で読めるのではないかと思います。

## 引用・参照文献

イベント学会編，2008，『イベント学のすすめ』ぎょうせい。

及川千都子，2012，「PC-020 大学生における失敗しやすい達成行動の特徴と失敗理由との関連（発達，ポスター発表）」『日本教育心理学会総会発表論文集』54（0）：257。

## Column 3　インターンシップとは

ここでは大学の低学年のうちから身近な活動になりそうな「インターンシップ」についてお伝えします。簡単な説明やポイントその他，みなさんのインターンシップ参加の参考にしてみましょう。

■インターンシップの種類や見つけ方

インターンシップには，仕事や社会への理解促進という教育的要素をもつものと，企業理解促進という側面の強い就職活動直結型の2種類があります。昨今は就職活動の選考につながる要素をはらんだ，特に短期のものが多数実施され，場合によっては，参加者に対して特別な選考枠を設けたり，選考過程を免除したりする企業もあるため，就職活動直結型のインターンシップの存在感が増しています。

大学生が参加できるインターンシップは企業からの機会提供も多く，学生はさまざまなルートで見つけることが可能です（例：企業ウェブサイト，就職情報サイトやアプリ，対面やオンラインのイベント，大学での情報，SNS，等）。今後も，探すルートの多様化が予想されますが，新しいサービスや情報源への利用には注意を払いながらも臆することなく臨みましょう。

■インターンシップ参加のポイント

・参加の前に

企業情報や業務内容など最低限の下調べをしましょう。期間中，自己紹介の場が予想されるので，その準備もあるとよいですね。また，みなさんが気にするマナーや服装の確認もしておきましょう。過剰な準備は必要ありませんが，挨拶に不慣れだったり，着慣れない服装ではスムーズな参加を妨げます。そして最も重要なことは目的の確認です。ただなんとなく参加するのでなく「何のために」を意識して臨みましょう。

・参加期間中に

当日中の振り返りを次の順番で行いましょう。

①事実：やったことを振り返る。

②反省：事実を振り返って次にどうするのか。また，なにが必要か。

③準備：反省を踏まえて具体的に次にどうするか。なにが必要か。

振り返りは，反省することととらえがちですが，「反省」の前後にも「事実」「準備」という大切な要素があり，３つをセットにして当日中に行います。

そして，振り返りの際には次のことに注力しましょう。比重の高い順に次の通りです。

①感想：事実に対して自分がどう感じたのか。

②感想の理由：なぜそう感じたのか。

③反省：感想とその理由を踏まえて次にどうするか。なにが必要か。

これらのことをメモ等に記しておき，後からも確認できるよう保存しておきましょう。事実を振り返ることは容易でも，そのときの自分の感想やその理由を振り返るのは容易ではありません。記憶が鮮明なうちに控えておくことがとても重要です。

・参加終了後に

全体総括です。感想とその理由の振り返りはやはり大切です。そしてそれを自分自身の３つの「シコウ（嗜好−思考−志向）」と照らし合わせてみてください。たとえば，輸出先Ｘ国で自社製品の売上を伸ばすためにはどうしたらよいかという課題解決型のインターンシップに参加したＡさんとＢさん。２人の感想とその理由を見てみます。

Ａさん：楽しかった！ 次々アイディアが浮かんで，企業からも高評価だった。将来こういう仕事に携わりたいなと，その仕事や企業で働くことを具体的に思い描くようになった。

Ｂさん：楽しかった。でも，具体的課題「現在の堅調な売上をさらに伸ばす」についてあまりワクワクしなかった。もしかしたら自分はマイナスを一気にプラスに転じるような策を考えるほうが燃えるタイプかもしれない，と自身についてもう一度考えてみようと思った。

同じインターンシップの参加者でも，振り返りの内容は各人で異なるはずです。同じ事実（ここでは同じインターンシップに参加したこととその内容）に対して「楽しかった」という感想は同じでも，その度合いや理由すべてが同じではありません。自分にとってどうなのか，事実や事象を自分自身に照らし合わせたことが，あなたの「解釈」です。解釈の仕方は，その後の学生生活やキャリアを考えるときに必要な「自己理解」へのヒントになってくれるでしょう。

インターンシップには，ぜひ，低学年のうちから参加しましょう。3年生以上になるとゼミや研究など専門分野の勉強で忙しく自由に使える時間が少なくなります。そして低学年のうちからの参加によって早くから社会の一端に触れることが，みなさんに，熟考する，選択肢を広げる，軌道修正する，といったことを可能にします。大学のキャリアセンター等で情報収集や相談しながら進めていくこともおすすめです。

### Column 4　インターンシップに参加する意義

みなさんは大学在学中から「自分の生きている社会・これからも生きていく社会」についてもっと知る必要があります。インターンシップへの参加は社会を知る手段としてとても適しています。どんな種類のものであっても，自分の興味がどの程度であっても，「企業を知ってみる・社会をのぞいてみる」ことができます。特に，大学生に向けてのインターンシップは数多く提供されているので，在学中のインターンシップ参加は大学生の特権です。社会人になる前に企業という箱に足を踏み入れる機会をもつことは，自分を取り巻く社会とそのなかで生きていく自分を考える材料として有益な体験です。志や成果をともなわないといけないなどと考えずに，少しでも行ってみようかなと思ったらぜひ参加してみましょう。自分と社会のつながりを知る材料にできるはずです。

■事例から考える

事例１　淳子さんのケース（心理学専攻）

心理学専攻の淳子さんは，当初，授業で学んだ福祉に関する知識を生かし，介護・福祉業界で働きたいと思い，１年生の春休みに介護施設でのインターンシップに参加しました。ところが，インターンシップをするなかで，自分が人と接することが好きなことに気づき，専門にこだわらず他の業界の仕事も体験してみたいと思うようになりました。そこで，さまざまな世代，国籍の人々と出会いのある観光業や航空業界で，中長期・短期のインターンシップに参加しました。最終的には，福祉と接客の要素を含む大手ドラッグストアチェーンを第一志望に決め，内定をもらうことができました。

１年生という早い段階から，異なる業界のインターンシップに参加し，介護，接客，通訳，フロント業務等，多岐にわたる職種を体験したことにより，自分の考えがもまれ，仕事を選ぶ幅が広がったことで，それまで考えていなかった「流通業」に目を向けることができた事例です。自分にとってどうなのか，常に自分自身に照らし合わせて解釈して振り返ることで，自己理解ができるということなのです。

事例2　泰一君のケース（工学専攻）

工学専攻の泰一君は希望の進路が見つからずにいましたが，2年生の夏に周りの人がインターンシップに行くのを見て，悩んでいるぐらいなら参加してみようと，たまたま目に入った自動車メーカーのインターンシップに参加しました。車の製造現場なども見ることができ，新しい経験ができましたが，一方で，こんな大企業で自分が活躍できるだろうかとも感じたそうです。その後，友人に誘われ，自動車部品メーカーのインターンシップに参加しました。名前も聞いたことがない企業でしたが，独立系サプライヤーとして，日本だけでなく，海外の一流自動車メーカーにも部品を提供していることや，数多くの特許をもち，世界トップシェアを誇っていることを知りました。知名度はなくとも，少数精鋭で，企画開発から製造まで携われることや，自分が世界の自動車業界を支えているという実感を得られるところに魅力を感じ，進路先に定めました。

泰一君は，ただ漠然とインターンシップの参加について悩むのではなく，「参加してみる」という第一歩を踏み出したことで，自分のやりたいものが見えてきたのです。インターンシップに参加するという外からの刺激によって，自分の目的が見えてきた好事例と言えるでしょう。

■インターンシップを有意義なものにするために

2つの事例に共通することは何でしょうか。

まず，2人とも「早い段階から行動していること」です。1，2年生のときからインターンシップに参加したことで，就職活動を本格的に始める以前から，自分の能力や適性を見つめる時間が十分あったと言えるでしょう。

そして次に，「目的意識をもっていること」です。もともと志望する業界があった淳子さんはもちろん，最初の動機こそただ何となくだった泰一君も，インターンシップを通して，業界や仕事が自分に向いているかを絶えず模索し続けていました。

3つめは，「複数の業界，職種，企業を比較していること」です。1社のインターンシップに参加しただけでは他と比較することはできませんが，複数の業界や職種，企業を知ることで，それぞれのやりがい，おもしろさを比較することができ，就職活動を始めるころまでには絞り込みができるようになります。

インターンシップを経たことによる気づきや学びのないまま，就職活動を始めたらどうなるでしょうか。そこから，自分に合っている業界や仕事を見つけているのでは，時間も足りませんし，納得のいく就職ができるわけもないことは，みなさんもうおわかりでしょう。

# おわりに

この本は，キャリアデザインの入門書であるため，キャリアに関する内容が中心となっています。しかし，キャリアを「生き方」ととらえたとき，キャリアの知識だけではなく，生活にかかわる知識や社会の見え方について考える機会も必要ではないかと思ったことがきっかけとなって実現した本でもあります。そのため，一見，キャリアとは関係がないテーマが設定されています。たとえば，「シチズンシップ」や「環境」といったテーマは，すぐにはキャリアとはイメージが結びつかないかもしれません。とはいえ，わたしたちが，普段から何気なく感じている生きるためのヒントは，生活のなかの多様なテーマに散りばめられているのではないでしょうか。そして，そこから得た経験を日常の生活に柔軟に取り込みながら，未来に向かって生き抜いていく。本書は，そのような「ライフ・アレンジ・キャリア」を目指した内容となったと考えています。

本書の構成は，全9章19節となっています。多様なテーマを設定したため，キャリアの領域がご専門の先生方だけではなく，さまざまな領域の先生方にもご協力をいただきました。ご多忙ななか，快く執筆をお引き受けいただき，さらに度重なる修正や変更にも柔軟にご対応いただきましたこと，この場を借りまして感謝申し上げます。編集に際しては，宇賀田栄次先生，原田いづみ先生より豊富なご経験と柔軟な視点からのご助言をいただきました。先生方のご厚意がなければ本書が世に出ることはなかったと思います。心より深謝いたします。また，有斐閣の堀奈美子様にも，多方面にてご尽力をいただきましたこと御礼申し上げます。

高丸　理香

働き方や暮らし方を含めた「生き方」の価値観が大きく変わろうとしている時代に，「唯一の正解」や「絶対正しいもの」を探しても見つからないかもしれません。しかし，何かを手がかりに深く考えたり，人と対話したりすることで迷いや悩みが落ち着き，自分が進む方向に自信や確信が芽生えてくることがあります。大学教員としてキャリア関連の授業を受け持つ50代の私ですが，授業や課外活動を通じた学生との対話が自分の進む方向を照らしてくれることが多くあります。

この本をきっかけに，学生がさまざまな社会人と出会い，対話し，それぞれの「生き方」に新しい気づきと確かなものを得られる機会が多く訪れることを楽しみにしています。

宇賀田　栄次

私の著者紹介の部分でも書いたように，人生の中で大変な目に遭ったときに重要なのは，自分自身の決断です。どんな決断を，いつするか，それは自ら決めなければなりません。みなさんは，これから大切なことは自分で決めなければならないのです。この本はキャリアを考えるときの一助としてつくられたものですが，人生のすべての選択においても役立つものとなるはずです。この本で取り上げたテーマの中で気になったものがあれば，ぜひとも深掘りしてみて，より自分の武器としてもらいたいと思います。

これから，みなさんが自分でデザインする豊かな人生を送ってもらうために，この本が役立つことを願っています。

原田　いづみ

大学生として学ぶ
自分らしさとキャリアデザイン
*Designing My Own Career: Learn as Student in Higher Education*

〈有斐閣ブックス〉

2021年4月15日　初版第1刷発行

編　者　高丸理香（たかまるりか）
　　　　宇賀田栄次（うがたえいじ）
　　　　原田いづみ（はらだいづみ）

発行者　江草貞治

発行所　株式会社 有斐閣
郵便番号 101-0051
東京都千代田区神田神保町 2-17
電話（03）3264-1315〔編集〕
（03）3265-6811〔営業〕
http://www.yuhikaku.co.jp/

印　刷　株式会社理想社
製　本　牧製本印刷株式会社



ISBN978-4-641-18454-1